风物中国

范烨 李婷 主编

C7S K 湖南科学技术出版社 · 长沙

认识生命沃土贵州高原，从一朵菌子开始

撰文 ✿ 董克平

人们谈及贵州，常被美丽的自然风光和独特的地域文化所吸引，挂在嘴边的多是黄果树瀑布的磅礴气势、荔波小七孔的林洞湖石、梵净山的原始洪荒等风景。这一次我们跟随《风物中国·黔菌》的脚步，从另外一个角度进入贵州，聚焦贵州的食用菌产业，了解山川田野对贵州的馈赠。

"地无三尺平"的贵州是中国唯一没有平原支撑的省份，全省 92.5% 的面积都被山地、丘陵占据。温暖湿润的亚热带季风气候造就丰富的植被类型，加之独特的地理地貌和气候条件，适宜食用菌的生长。地理环境孕育了人文特色，人文特色影响着饮食文化。

调查数据表明，贵州省内大型真菌近 1800 种，其中野生食用菌种类占全国的 80% 以上，特色珍稀食用菌资源丰富，有竹荪、冬荪、羊肚菌、牛肝菌、蜜环菌、鸡油菌、猴头菇、香菇、金耳、木耳、银耳等，还是红托竹荪和冬荪的著名产地。食用菌健康营养、味道鲜美的特性让其成为当地人餐桌的常客，同时也形成了贵州颇具特色的饮食文化。

在如今中国五万亿元规模的餐饮市场上，地方菜系风起云涌，异彩纷呈，名特优食材造就的独特风味受到消费者青睐。随着黔菜近年来开始进入中国菜流行版图，人们逐渐忘情于它的酸汤、鲜辣以及调味丰富的蘸水。历史上因为食盐匮乏，贵州人另辟蹊径，以酸、辣代咸，以折耳根、水芹菜等奇味草木调味、佐餐。这样一个多民族世居的省份，饮食文化中融合了不同民族的饮食习惯及方法，也让黔菜在中华美食大花园中有着别样的风采。

贵州人饮食结构中不断实践着朴素的食物观，其中独特的内容就是：菌（jùn）子。贵州人食用菌子由来已久，并深知其美味和部分品种有毒的特性。在科学知识尚未普及的近代，贵州人就总结出了一系列实用的毒菌判别方法与解毒手段。例如，根据野生菌的外形、气味、颜色、生境、季节等判断毒性，用黄土加水浆食、炊烟熏干菌子、金银花藤煎汤等方式解毒。

与此同时，贵州的食用菌产业发展历史源远流长，明朝时期已有相关记载。至清朝，产业逐渐壮大，成为地方经济的重要支柱。民国时期，贵州食用菌产业进入兴盛时期，产量位居全国前列，市场价格持续攀升。即便在抗日战争时期，贵州食用菌产业依然保持了繁荣，为食用菌产业的崛起奠定了坚实基础。21 世纪的今天，食用菌产业更是迅速发展、不断壮大。整个食用菌产业以食物供给多元化理念在林间造粮仓，参与国民从温饱到营养型再到多元化饮食结构的转变，这是在新的历史机遇下释放多民族和美共生的新能量。

有识者会注意到，科研力量在鉴定和统计食用菌资源、专利申请、技术研发、科研机构

建设等多方面对贵州食用菌产业的发展做出了巨大贡献。在中国食用菌产业工业化的背后，贵州能够作为全国食用菌新兴产区的一面旗帜，背后是深入黔西北的乌蒙山区、黔北、黔东的大娄山—武陵山区、黔中山原地带、黔西南的喀斯特山区、黔东南的苗岭一带，扎根贵州脱贫攻坚国家战略的企业先行者们。是他们参与拓展了产业发展必要的现代交通配套、完善了冷链物流，因地制宜错季、错位大规模工厂化生产。大型企业、投资机构和小微企业以不同路径汇成错落有致的产业集群，激活了多层次劳动力资源。

而政府服务将成为食用菌产业关联脱贫攻坚与乡村振兴的有效路径。政府服务常态化日臻完善，于企业而言是一臂之力，于政府而言是成长机遇，于产业而言是从扶贫产业向区域特色产业的蜕变。

《风物中国·黔菌》一书根植贵州的山川地貌，带领我们走进贵州奇博而广袤的山山水水，你将见识活着的山林。在贵州的大山深处，食用菌不仅是一种经济作物，更是一种文化符号，承载着当地人民对自然的敬畏和对生活的热爱。人们深知食用菌的珍贵，也懂得如何与自然和谐相处，保护这片生命的绿洲；人们与食用菌共生共荣，更形成一种独特的相处之道。如《孟子》所言："不违农时，谷不可胜食也；数罟不入洿池，鱼鳖不可胜食也；斧斤以时入山林，材木不可胜用也。"这正是贵州人感恩自然丰盈的馈赠，在万物轮生的间隙实践"大食物观"的真实写照。

《风物中国·黔菌》一书探寻食用菌的成长秘密，带领我们领会自然丰盈的馈赠，感悟生生不息的万物共生。你将能了解菌子的特性分布，食用菌的识别、食用，并解码黔菌的食鲜搭配与鲜味奥妙。书中还介绍了贵州的食用菌产业的发端、科研成就、企业发展现状和前景，以及创新餐饮文化等内容。特别提到了贵州乌蒙山区的食用菌产业，这里的"夏凉"气候和"错位"发展策略，为食用菌产业带来了独特的优势。

黔菌，挺立在贵州地理与人文的交会处，诞生在"天人合一"的和谐之道中，成长于"知行合一"的古今贯通里。其正以独特的滋味和健康价值，成为人们对蔬食的补充，这也是人们在平淡生活里对鲜美滋味的追求。其成为日常餐桌上的健康食品，亦是经济高速发展带动生活水平提高在饮食方面的体现。走进贵州时，我们能获取黔菌中最鲜醇的美味；离别时，我们能将它带来的惊奇转化为对贵州山林的敬畏与感恩。

目录

一块 6.35 亿 年 前 的 真 菌 类 化 石 在 贵 州 瓮

安 喀 斯 特 洞 穴 中 被 发 现 ， 这 仿 佛 再 现 了 前

寒 武 纪 时 期 蘑 菇 、 酵 母 、 青 霉 等 真 菌 生 物

的 祖 先 从 海 洋 登 上 陆 地 繁 衍 生 息 的 场 景 。

贵 州 这 片 生 生 不 息 的 活 力 沃 土 ， 不 仅 赋 予

菌 子 多 彩 生 命 ， 更 涵 育 出 当 地 人 " 天 人 合

" 的 生 存 智 慧 。

○ 乌蒙山脉一带形成的云贵准静止锋为贵州带来了丰富的降水，
给菌子生长创造了有利的气候条件。而乌蒙山巅的韭菜坪上，
大面积的野韭菜花正欣然盛放。

山地的馈赠

现代贵州在你心中是何种印象？你会想起近年火遍全网的『村BA』，还是架在喀斯特天坑中处于世界科技前沿的『天眼』？它们无疑都传递出现代贵州锐意创新的品格。

其实，贵州大地的活力之源发轫久远，远到超乎大多数人的想象：2020年，科学家在贵州瓮安县发现了距今6.35亿年的真菌类化石。云贵高原上，真菌的演化进程由此滥觞。

叩开这场浩瀚传奇，你我需要一把小小密钥：黔菌。菌子看起来虽小，然而精微处亦能觅广大。黔菌将引领我们去解锁贵州山川间隐匿的地球密码，去体悟贵州人世代传承的生存智慧和生活逸趣。

○贵州森林覆盖率超过60%，林下富余的空间、良好的生态环境，使这里成为最适宜食用菌生长的地区之一

002

撰文 ✤ 孔雪 杨锐

从一块 6.35 亿年前的
真菌类化石说起

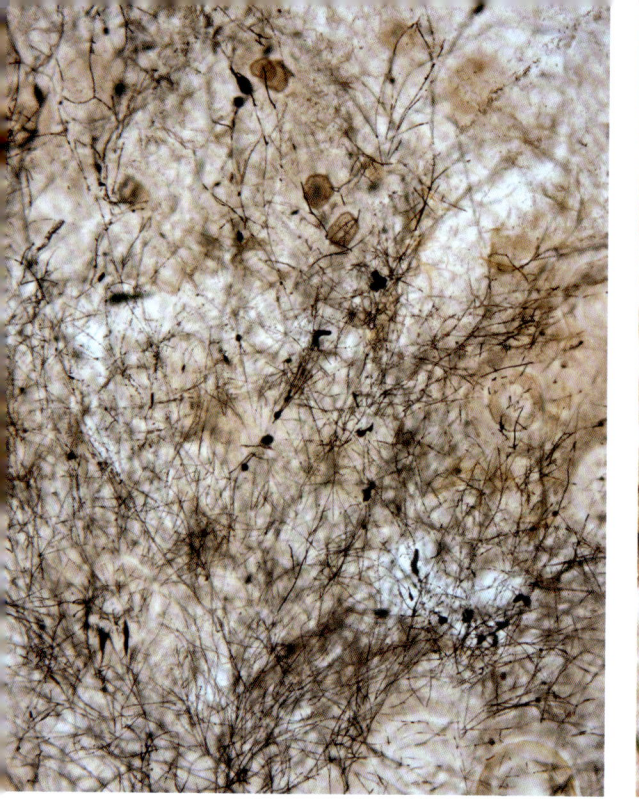

旷古情丝

瓮安，坐落于黔南布依族苗族自治州的一座宁静的县城，长江支流乌江穿境而过。2020年，6.35亿年前的真菌类化石在这里被发现，揭示了黔菌的邈远开端。

"在盖帽白云岩地层之中发现古生物遗迹是非常意外的。"学者甘甜回忆采集现场时说。那是一个艳阳天，一支国际研究团队在大塘矿段进行化石采集。磷矿开采后留下一片几乎没有植被的陡峭小山丘，他们沿崎岖小道爬到半山腰，对盖帽白云岩进行了取样。盖帽白云岩是地球经历"雪球地球"后形成的古老地层。距今7.2亿到6.35亿年前，地球经历了两次极端冰期，从南北两极至赤道皆被厚

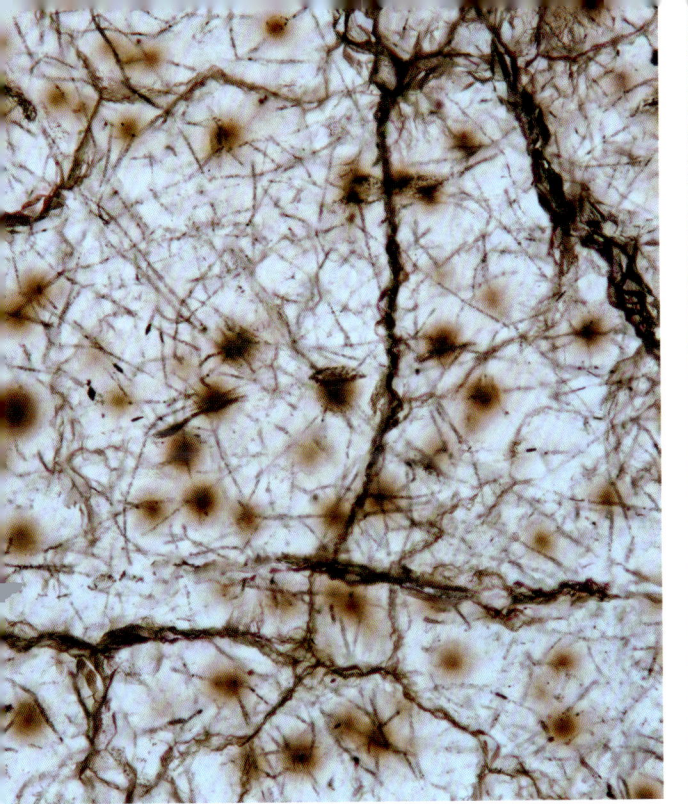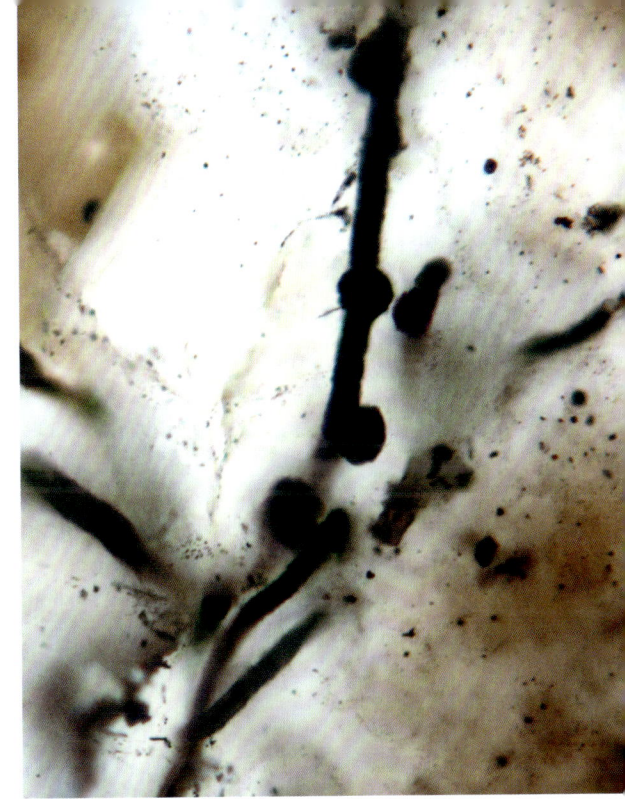

厚的冰雪覆盖，整个地球如同一个大雪球，这一灾难性的气候事件被称为"雪球地球事件"。雪球地球结束后，旧的冰碛岩之上盖上了一层白云岩，像戴帽子一样，盖帽白云岩因此得名。由于雪球地球时期全球平均温度在零下四五十摄氏度，大多数生物无法生存，加之白云岩地层易被风化，古生物学者通常并不寄希望于在此采集到生物痕迹。

从拳头般大小的喀斯特溶蚀微型孔洞里采集出更小的化石后，研究者将其处理为微小切片，从中窥见了不足头发丝粗细的真菌丝状体。在更加微小的尺度下，他们有了重大发现：贵州瓮安白云岩中的化石是目前全球最早的陆生真菌类化石，见证了前寒武纪时代真菌从海洋走向陆地的关键过程。真菌登陆是地球生命演化史中的一次重大转折，大地

由一片荒芜转向生机勃勃。

在辽远昔日，贵州就已是一片孕育生命的活力沃土，菌菇、酵母等现代真菌生物的祖先在此开启了漫长的演化。一缕旷古菌丝在时光中跋涉，以新的生命形式抵达了热闹的人世间。当我们翻阅到《民国瓮安县志》中关于"县中菌类甚多"的种种

○ 显微镜下的大塘剖面细丝体真菌状化石。 | P 004 上图左
○ 显微镜下的大塘剖面粗丝体真菌状化石。 | P 004 上图右
○ 盖帽白云岩记录了雪球地球事件结束后地表环境变化的重要信息，是地质学研究的热点，图为瓮安地区所发现的盖帽白云岩席状裂隙标本。 | P 004 下图
○ 显微镜下的北斗山剖面粗丝体真菌状化石。 | P 005

记录，再闻听当代瓮安人利用溶洞种植已驯化的羊肚菌，委实思绪万千。

贵州与菌的因缘，流淌在时光长河里，也深埋于大地的陵谷沧桑间。

贵州的海陆变迁是一段漫长且复杂的过程。今日的云贵高原在约 2 亿年前曾是一片汪洋，后因地壳运动而逐渐隆起，在约 5300 万至 3600 万年前因喜马拉雅造山运动再度抬升，形成西高东低的格局。此后经多次地壳运动，又受现代季风环流形成、大量雨水冲刷等自然因素影响，重峦叠嶂、万壑绵延的地貌特征方才形成。

山擎着贵州的魂。作为中国唯一没有平原支撑的省份，贵州以大娄山脉、乌蒙山脉、苗岭山脉、武陵山脉为脊梁，全省面积的 92.5% 被山地、丘陵占据。山决定了地理之表，影响了人文之里。被誉为"一代通人"的书画金石名家姚华有诗写道："两山本相连，蓦地忽分判。唯有济人心，路成身已断。"（《五马坡》）这是贵州人以山地寄情的写照。

人以山寄情，山予人馈赠。从 3D 卫星地图看贵州山峦，如一池吹皱的春水。这一视觉印象与贵州的气候和水文条件相呼应。贵州以亚热带季风湿润气候为主，雨热同期，降水充沛；河流众多，川流不息。得天独厚的气候条件造就了丰富的植被类型，也是野生菌资源繁茂多样的先天条件。贵州是我国野生真菌资源最为丰富的省份之一，孕育了全国 80% 以上的野生食用菌种类。

从宏大的时空尺度，拨开贵州历史的面纱，我们窥见了一朵菌的身影。它轻盈柔软，宛若精灵。相较知名度更高的云南野生菌，黔菌气质低调，内涵奥妙，在地球与生命的演化史上延展出更广阔的多样性与适应性空间。

休戚与共

沧海桑田的见证者，除了隐匿于大地的化石，还有去留无意的云。云积雨落，山林里万物生长，贵州人与野生菌的故事早已悄然开始。

贵州有 18 个世居民族，野生菌与他们的古早情缘已失于野。或是一日雨后，露珠滑落叶面之前，一朵菌冒出地面，引人循着香气走来。我们不妨将其浪漫化成一缕山野春风，吹着吹着，就化入了人与自然的和谐共生，融入了多民族的饮食文化。

中国人以菌入馔历史悠久，距今 7000 年至 5000 年前的河姆渡遗址中就有菌类遗存物出土。爬梳贵州本土文献，关于野生菌的记载多见于明、清、民国时期，以方志与诗词歌赋为主，呈现出野生菌从走入人们视野，到被视作山珍，再到贴近普罗大众的过程。文献所载菌子种类多样，如鸡枞、平菇、竹荪、香菇、青冈菌、羊肚菌等。内容除了描述特征、香气、生境等，亦有烹饪方法，并体现出地区差异。譬如鸡枞，乾隆时期贵阳人认为蒸食甚美，咸丰时期兴义人用其点茶、烹肉，民国时期贵阳人用白菜、猪肉、蒜片与之同炒，或晒干作菌油。民国时期，野生菌已广泛进入寻常百姓家，成为宴席中的地方名菜。如贵阳人喜事中常见的"四温碗"含竹荪、银耳，"八窝碗"中有平菇。织金县红白事中常见的"水八碗"含竹荪、银耳、香菇。

纯天然的野生菌丰富了黔菜的内容与黔人的饮食结构。贵州人偏爱食鱼（名菜有韭菜包鱼、腌鱼等），又喜捡拾依山而生的菌，自古就实践着朴素的大食物观。此外，因历史上食盐匮乏，贵州人另辟蹊径，以酸、辣代咸，以折耳根、水芹菜等奇味草木佐餐，馥郁的野生菌亦有此用。

贵州，天时地利出山珍

贵州被誉为"山地公园省"，其得天独厚的自然条件极适合菌子生长。这里气候温和、多样，且雨量充沛，年平均湿度高，为菌子生长提供了适宜的气候条件；森林覆盖率高，林下土壤积累了丰富的有机质；气候条件与森林环境又营造了适宜菌子生长的散射光条件。种种优势叠加，使得贵州成了中国知名的菌子产地之一。

多样的贵州地形

贵州海拔介于 148—2901 米之间，全省地势具有坡度大、起伏大、落差大三大特点。地势由西向东向南成梯级下降，山脉众多。由于印度洋、太平洋的暖湿气流和蒙古高原的干冷气流在此交汇，使得贵州气候宜人，生态系统层次多样，成为众多动植物物种繁衍、栖息、演化之地。

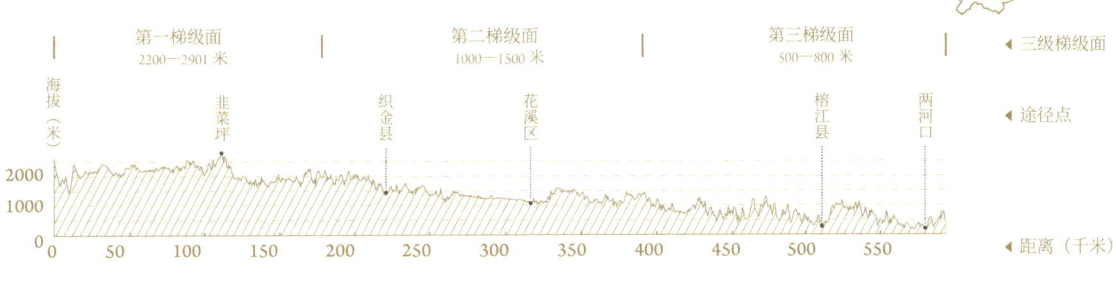

主图剖面线示意

贵州的天然禀赋

贵州拥有着得天独厚的自然优势，极适宜食用菌的生长与种植。这里气候温和，雨热同期，温暖湿润的空气以及相对柔和的日照是食用菌喜爱的生长条件，丰富的林木和植被则为其提供了充足的养料。

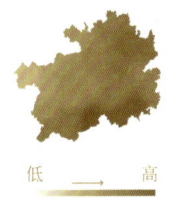

低 ——→ 高

年平均温度
贵州年平均温度在 11.1 ～ 19.9 摄氏度之间，地域性差异明显。

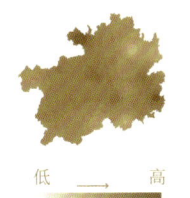

低 ——→ 高

相对湿度
贵州年均降雨量 850 ～ 1600mm，大部分地区年相对湿度 80% 以上。

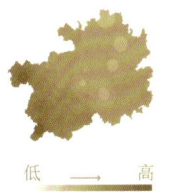

低 ——→ 高

年平均日照数
贵州年日照时数平均在 1180 小时左右，是全国日照最少的地区之一。

森林覆盖率
贵州森林资源丰富，森林发育的条件复杂多样，2022 年底，森林覆盖率达到 62.8%。

云贵准静止锋

在云南、贵州两省的边界处，平均海拔超过 2000 米的乌蒙山脉在此绵延数百千米。得益于乌蒙山脉的特殊地形，云贵高原上出现了一种特殊的大气现象——云贵准静止锋。来自北方的冷气团与来自西南地区的暖湿气团在乌蒙山脉相遇，它们势均力敌，相对静止。常常导致当地有较长时间的阴雨天气，十分有利于蘑菇的生长。

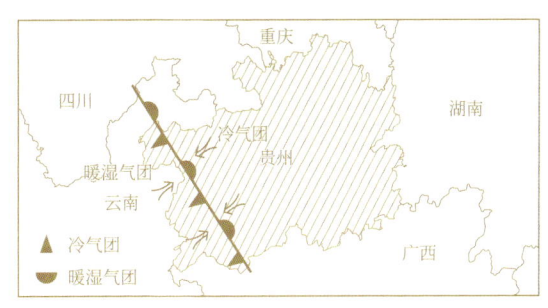

不过，享用美味之前，贵州人需跨越一道关卡：判断菌子毒性。现代西南地区菌子季花样百出的民间食菌秘诀，反衬出先人们为探知菌子安全性所付出的巨大勇气与代价。在科学知识尚未普及的近代，贵州人总结出了一系列可贵的毒菌判别方法与解毒手段。例如，根据野生菌的外形、气味、颜色、生境、季节等判断毒性，用黄土加水浆食、炊烟熏干菌子、金银花藤煎汤等方式解毒。尽管部分

○ 位列世界自然遗产地的梵净山为武陵山脉主峰，其独特的地理区位、地质构造、地貌和气候条件，不仅使得许多古老孑遗植物在此得以保存和发展，也让身着各异奇幻色彩的野生菌在深山丛林中静掩生长。 | P 008—009

土法与现代科学方法并不相符，民国时期的方志对菌子的描述还是体现出了一定的科学认识，《黄平县志》就谈及了寄生、有性繁殖和无性繁殖等概念。

从有限的存世文献中，可以拼凑出近代贵州的山菌民情，它们多由汉人撰写，而涉及之地常是多民族混居地区。菌子如春雨润物，悠然飘洒在黔人生活的方方面面。在少数民族的语言中，如苗族人称菌子为"饥"，水族叫"hg:hgal"（同"啊"音），侗族叫"la2"（同"辣"音）；在故乡山水的名字里，如黔东南榕江县的香菌坡、香菌溪因盛产香菌得名；在民俗禁忌中，如布依族办白事，孝子禁食菌子三年。它们连成一首灵动的山菌歌，补全了黔人与黔菌更丰满立体的过往。

产业发轫

近代农业分类学将食用菌作为一种独立的蔬菜种类，与药用菌区分，与其他瓜果蔬菜并列。贵州明代方志把食用菌列为方产，到了清代，食用菌被列入蔬属或其下的菌属。民国时期，方志中所载蔬菜类食用菌从明代的 4 种、清代的 40 种增至约 50 种，这说明食用菌作为一种蔬菜已深入贵州人的日常饮食。

菌子如何从贵州人家的桌上山珍发展成一方特产并远销？我们可以从一首诗中寻找线索。

"郊原野菜味偏浓，夏末秋初菌易逢。山下夕阳山上雨，野人入市卖鸡㙡。"（清·张国华《兴义府竹枝词》）。诗所描绘的是咸丰时期兴义府（今兴义市）的山民采摘鸡㙡菌后到市集售卖的场景。当民众有了食菌习惯与需求，加之贵州集市贸易的发展、社会经济的进步、多民族的日益融合，野生菌的商品化与人工驯化及种植出现了。

竹枝词中小规模的菌子交易，最早起源于何时已不可查。贵州方志中有关食用菌商品化的明确记录始见于清代，不晚于乾隆时期（乾隆时期《黔西州志》《石阡府志》两本方志把"木耳"划归于物产栏目下的"货属"或"货类"中），此时交易规模较小，销售集中在省内。民国时期，食用菌贸易大幅上扬，产地遍及贵阳、遵义、六盘水、黔西南、黔东南、黔南等多地。竹荪、银耳、木耳、香菇成为走俏的出省特产，依托贵州密集的水道，远销至国内多地甚至东南亚。

人工驯化与规模化种植是推动食用菌贸易繁荣的重要动力。早在公元 7 世纪，中国人就掌握了木耳的人工接种法，香菇的栽培技术在 800 年前起源于浙江庆元一带。贵州文献中就此方面的记载见于清代，技术已趋成熟，实现了木耳、香菇、平菇、银耳的人工种植，形成了从种到销的产业链条，还出现过香菌厂。民国时期，栽培与加工方法更为系统。

若说贸易巅峰期的市场宠儿，非银耳莫属。其人工种植起源于四川通江，在清代同治年间已有大规模人工栽培。民国文献中不乏相关逸闻。贵州人受雇于来黔的川商，破解了秘不外传的栽培技术，使银耳在贵州广泛种植，产量跃居全国前列，价格持续走高。位于川黔水路要道的遵义成为重要集散地，上海、重庆、广东、香港及南洋商人来此设庄收购。此番昌盛一直延续至抗日战争时期，是黔菌产业萌芽阶段一段风光无两的华彩。

近代贵州食用菌贸易的发展，是现代黔菌产业的早期萌芽。它促进了贵州地方经济的发展，惠及了各族百姓的生计，体现出贵州人有效利用土地资源与劳动力的意识。此外，民国时期一些地方推行以银耳、香菇栽培替代罂粟种植，推动了禁烟运动在贵州的落实。

黔菌产业的发轫，从百姓餐碗里映出了社会发展进程。自秦汉修"五尺道"打开了贵州与内陆的联系，历经西汉开"南夷道"、南宋开"买马道"、元代设立"站赤"驿站系统并初步驻守屯田等开发举措，以及多次人口迁徙、民族融合，贵州在明初成为全国第十三个行省，迎来了全面大开发。清代在西南地区推行"改土归流"政策，水路通道被疏浚，进一步促进了贵州商业的兴盛。这其中，就包括食用菌贸易的参与和助力。

诚然，这一发轫在规模、技术、认知等诸多方面存在局限性，但一朵菌从少数人的口腹之欲，跃为一方人的谋生之计，已足够可贵。它为现代黔菌产业打下坚实根基，奠定了广泛的社会认知基础。

黔菌出山

从历史回到现代贵州，一座座让天堑变通途的世界级桥梁已飞跨在先人涉过的重重沟壑之上。志之所趋，无远弗届，穷山距海，不能限也。

自 20 世纪 80 年代起，一批学成归来的科研与创业人才投身黔菌领域，传承阳明心学"知行合一"之道，推动了黔菌产业在新时期的起步。2016 年，贵州省将食用菌列入脱贫攻坚的重点支持产业，2019 年，又将其列入 12 个省级农业特色优势产业。

不到十年，贵州食用菌产业总体规模已迈入全国前十。我国食用菌领域唯一的院士李玉曾赞誉其裂变式的发展："贵州是全国食用菌新兴产区的一面旗帜。"黔西北的乌蒙山区，黔北、黔东的大娄山—武陵山区，黔中山原地带，黔西南的喀斯特山区，黔东南的苗岭一带共同构成了庞大而平衡的矩阵。同时，继续贯彻惠农政策，当"大企业顶天立地、小企业铺天盖地"局面形成后，不少品种仍以林下经济、庭院种植的方式延续在深山农家，构成了产业布局合奏中最质朴的声部。

科研力量是黔菌产业的亮点之一。贵州是全国首个开展全省菌物资源普查的省份。学者顾昌华团队在梵净山收集了 800 多份野生大型真菌资源，新记录、鉴定大型真菌 159 种。贵州食药用菌研发的先锋人物张林及其科研团队则在专利申请、技术研发、科研机构建设等多方面彰显了科技赋能黔菌的深厚力量。

近年，大数据的利用与文旅融合思维激发了黔菌产业新脉动。贵阳北部的修文县扎佐镇坐落着一座大型食用菌交易市场。"这个市场的一大重要功能是获取黔菌乃至全国食用菌行业的交易数据，"市场管理者孔轲说。大数据利用、数字化农批市场等新思维影响着黔菌的未来。

黔菌崛起还与各级政策、产业宏观趋势、时代价值观同频共振。20 世纪 70 年代以来，全球食用菌产业的增长，主要发生在改革开放后的中国。2016 年黔菌整装待发之时，恰逢中国食用菌产业工厂化加速发展、食用菌产业作为优势特色产业迅速崛起的阶段，也是西部大开发的加速阶段（2011—2030 年）。我们更不能忽略黔菌在贵州打赢"脱贫攻坚战"中的贡献。功成身未退，它正向特色产业转型，书写诠释"绿水青山就是金山银山"的贵州答卷。

黔菌，立在贵州地理与人文的交会处，生在"天人合一"的和谐之道中，长在"知行合一"的古今贯通里。从旷古的一缕丝，到当下的一朵菌，转动这把举重若轻的钥匙，我们飞越数亿年时空，见识了西南沃土的气魄与活力，勾勒出世代贵州人实现经济发展的意志、追寻美好生活的智慧，也愿握着它，远眺贵州蓬勃的未来。

○ 毕节大方县鼎新乡长丰村的溶洞里，村民正在采收食用菌，人们因地制宜地开辟出一个个食用菌培育种植场所。 | P011
○ 毕节大方县的白参菌出菇房，一年四季所产出的鲜菇量高达千吨。 | P012

贵州，隐藏的菌子宇宙

黔菌
QIAN JUN

在贵州的腹地，青山环绕，溪流潺潺，隐匿着一个神奇的菌子世界。这里，山水间的薄雾如诗人笔下的轻纱，掩映着无数珍稀菌种。此地的菌子，不仅承载着千年的风味，更蕴含着深厚的历史文化。在烟雾缭绕的山林间，每一枚野生菌子都像是古人遗留下的秘密，等待着世人的发现与品味。而今，这些珍贵的食用菌已不再是山中的独宠，它们成了现代贵州市场的一大亮点。随着现代化农业技术的引入和市场经济的发展，贵州的食用菌产业迎来了繁荣，不仅为当地居民带来了经济效益，更将这份山中的馈赠分享给更广阔的世界。

贵州省级食用菌区域公用品牌

2020 年，贵州省推出"黔菌"区域公用品牌，并建立区域品牌及地理标志产品，支持了一批本地食用菌企业的品牌发展。

2023 年，黔菌与贵州绿茶、都匀毛尖、兴仁薏仁米、遵义红等一同入选"贵州省十强农产品区域公用品牌"。

6.35 亿岁的超级高龄真菌

科学家在贵州瓮安县发现了 6.35 亿年前的真菌类生物化石。这是迄今为止世界上发现的最早陆生真菌类化石，说明在 6 亿多年前，蘑菇、酵母、青霉等真菌生物的祖先已经从海洋"爬"上陆地。

种在矿洞和溶洞里的蘑菇

贵州人善于利用土地资源，他们不仅把蘑菇种在稻田里、大棚中，还会利用废弃与闲置的空间发展食用菌产业，比如在废弃矿洞和天然溶洞中栽培蘑菇，发挥低温、保湿的优势。

大方：全国冬荪主产地

大方有全国唯一的白参菌工厂化生产基地，且野生冬荪分布极广。20 世纪 90 年代初期，大方实现人工栽培冬荪。2016 年，"大方冬荪"被批准成为国家地理标志产品。

织金：中国竹荪之乡

织金的红托竹荪产量全国排名第一。2010年，"织金竹荪"被批准成为国家地理标志产品。

贞丰：全球最大的黑牛肝菌生产基地

贞丰建成了全球最大的黑牛肝菌生产基地，将野生黑牛肝菌实现工厂化量产，从装瓶到出菇只需 75 天，可日日出菇。

黔西北食用菌产业集群

以织金、纳雍、黔西、大方、威宁、水城为核心区，打造以红托竹荪、香菇、冬荪为主，其它特色种类为辅，园艺式栽培与工厂化栽培协同推进，带动赫章、六枝、普定、金沙、赤水、仁怀、桐梓等地发展的产业集群。

黔西南食用菌产业集群

以安龙、兴义（含义龙新区）、晴隆、贞丰为核心区，打造以香菇、红托竹荪为主，其它特色种类为辅，带动兴仁、册亨、望谟、普安、盘州、紫云、关岭等地发展的产业集群。

安龙：北纬 25 度的"黄金气候生态带"

安龙的生态气候条件得天独厚，能实现周年出菇，具有全年发展多品类食用菌种植的先天优势。

凤冈：林地里的马桑菌

为实施生态修复，凤冈县近年来广泛造林，林地的大面积增加顺势成为种植马桑菌的优势资源。

贵州的大型真菌

贵州省内野生食用菌种类占全国的80%以上。特色珍稀食用菌资源丰富，如竹荪、冬荪、羊肚菌、美味牛肝菌等。2019年，贵州率先开展省级菌物资源普查工作，共收集标本2.2万份，建成10个母种原种和36个栽培种菌棒保供中心。

已知大型真菌

中国 超过4000种
贵州 1793种
世界 约14000种

贵州省内大型真菌

未知 290种
毒菌 148种
食药兼用菌 81种
药用菌 345种
食用菌 929种

市场常规售卖大型真菌

食用菌 120种
药用菌 61种
文献表明有毒菌 15种
野生菌 196种

道真：杏鲍菇产量占西南市场70%以上

道真日销杏鲍菇上百吨，赢得全国市场青睐。

铜仁：梵净山下的"蘑菇小镇"

铜仁印江县木黄镇、合水镇等诸多乡镇，采取"龙头企业+合作社+菇农"发展模式，实现黑木耳、双孢菇等规模化种植，并创建"梵净蘑菇"等品牌。

黔东食用菌产业集群

以印江、玉屏、万山、碧江为核心区，打造以香菇、木耳为主，其它特色种类为辅，带动石阡、德江、思南、松桃、江口、剑河、台江、天柱、锦屏等地发展的产业集群。

玉屏：工厂化鹿茸菇产量位居全国前列

玉屏攻克鹿茸菇驯化培育技术，实现工厂量化生产，销往北京、广东、福建、四川等市场。

贵州的蘑菇去了哪里

贵州的蘑菇都去了哪里呢？很有可能就在你家的饭桌上。据统计，除了供给本省之外，南方地区是贵州蘑菇的主要销售地。

贵州食用菌集散交易中心

以贵阳为核心，打造贵州食用菌集散交易中心，带动发展五大产业带区域性集散中心建设。

全省鲜菇主要流向

55% 省外
45% 省内

24% 成都
21% 广州深圳
18% 重庆
12% 昆明南宁
8% 浙江
4% 浙江
13% 其他

织金竹荪大事件

尼克松与基辛格访华时，国宴上便有一道"竹荪芙蓉汤"。从此，织金竹荪开始享誉世界。

享誉世界 1972年

贵州科学院生物研究所胡宁拙先生成功驯化和栽培竹荪

成功驯化 1980年

官方定义 2000年

织金县被中国食用菌协会命名为"中国竹荪之乡"

上海APEC会议晚宴第一道热菜便是"松茸竹荪汤"

晚宴头菜 2001年

"织金竹荪"被批准为国家地理标志产品

国家地理标志产品保护认证 2010年

乌蒙山，毛泽东笔下『乌蒙磅礴走泥丸』之处，坐落在云贵川三省交界处。

乌蒙山区的平均海拔超过 2000 米，远高于平均海拔约 1000 米的贵州高原，低纬度、高海拔塑造了冬暖夏凉的独特气候特征，地理与气候的特征也反映在产业面貌上。这里是贵州食用菌产业最具代表性的区域，不但拥有红托竹荪、冬荪这样带着鲜明地理标志的旗舰产品，也是错季出菇、错位发展等产业策略的启蒙地。地理特征及社会生态为菌菇产业提供了大量的『错位』可能，也正是诸多领域中的『错位』理念，使乌蒙山区为菌子世界打造了一个品种丰富、模式多样的『平行宇宙』。

撰文 ✿ 楼学

乌蒙山区：
菌子世界的"平行宇宙"

乌蒙磅礴，贵州屋脊

乌蒙山的秋冬时节，连日阴雨不散。曾在毕节气象局工作的张翅告诉我，毕节、六盘水一带正处于云贵准静止锋的东侧——来自西伯利亚-蒙古高原的冷高压在抵达这里时已是强弩之末，受乌蒙山地形的阻挡，与来自西南的热低压形成势均力敌之势，从而形成这个气象学中著名的锋面系统。云贵准静止锋主要出现在冬半年：西侧的锋前阳光灿烂，昆明成为晴朗的春城；东侧的锋后阴雨连绵，是被称为"天无三日晴"的贵州。

云贵准静止锋带来的丰富降雨，使乌蒙山成为栽培食用菌的天堂。张翅正是黔西北食用菌产业的先行者之一。早在 20 世纪 80 年代，他就成为最早一批"下海"种植竹荪的人，气象学的专业背景使他在这个行业事半功倍，"食用菌的栽培有五个重要的影响因素，光照、热量、水、氧气、土壤，前四个都和气象有关。"

张翅的下海，也与毕节附近的一座县城有关——毕节南面不远处的织金县，是贵州最早掀起"菌子热潮"的地方。织金是红托竹荪的主要原产地，20 世纪的中国香港，乃至日本和东南亚国家都曾为这座小城出产的竹荪而疯狂。张翅犹记得当年的织金人都以砂锅种植竹荪，甚至让传统的陶器行业也焕发新生。但巨大的经济利益，最终导致品质失控。红托竹荪经历了一段漫长的阵痛与沉寂，直到 21 世纪后才逐渐恢复。另一方面，产业发展终究离不开现代的交通配套，与当年只能销售竹荪干品相比，正是现代冷链物流的发展、交通基建的完善，才使乌蒙山拥有大规模出产鲜品菌菇的可能。

历史上的乌蒙山，确实常给人以闭塞、偏远的印象，"乌蒙"一名就来自唐代的乌蛮部落。但在更古老的时空中，乌蒙山本是贵州当之无愧的文化高地，盘县大洞遗址、赫章可乐遗址、威宁中水遗址都曾入选"全国十大考古新发现"，展现了从石器时代到秦汉时期，乌蒙山中的人们如何筚路蓝缕、以启山林。而自秦汉以降，地处四川盆地与云贵高原之间的乌蒙山，成为中原经略西南的桥头堡，从僰道、五尺道，到茶马古道、龙场九驿，历代路网绵延千载，将包括贵州在内的西南地区深深嵌入了华夏的版图。

2015 年，贵州成为中国西部第一个县县通高速的省份。从崎岖古道到现代的高速路网，乌蒙山的区位价值得以重建，各类山珍菌菇才能从昔日的皇宫贡品走入千家万户。

"错季"，来自天气的馈赠

"威宁几乎没有夏天。"威宁县农业农村局的张睿非常自豪于故乡的凉爽气候，他的说法并不夸张，在气象学意义上，夏季确有严格的标准，当一地滑动平均气温序列连续 5 天大于等于 22℃时才算进入夏天。威宁是贵州地势最高的县，平均海拔

○ 乌蒙山撑起了云贵高原的骨架，得益于在此形成的云贵准静止锋，贵州雨量充沛，但降水强度不高，让菌子得以茁壮成长。
　| P 016—017
○ 被称为"菌中皇后"的红托竹荪正从菌盖向下铺开洁白的网状裙，如同优雅的裙摆。　| P 018

2200米，"夏季"的平均气温只有约18℃。因此，贵州省食用菌产业体系的首席专家朱国胜很早就注意到了乌蒙山区独特的地理优势，"这里最重要的地理特点是低纬度、高海拔，因此有冷凉的气候优势。"食用菌依据其不同的适宜生长温度，大致可以分为高温型（25℃以上）、中温型（15—25℃）、低温型（15℃以下）三大类。高温型食用菌如草菇，在贵州主要分布在与广西交界的册亨、从江等地；而中温型的竹荪、大球盖菇，低温型的金针菇、杏鲍菇、羊肚菌，正是乌蒙山区的主要生产品种。

地理条件在很大程度上影响了不同种类的生产布局——毕节地区的地势可以分为三个阶梯，地势最高的威宁、赫章，海拔在2000米以上，夏无酷暑，非常适宜低温型种类的错季出菇；中部的大方、织金、纳雍等地，海拔在1400—1800米之间，最知名的特产正是红托竹荪、冬荪这类中温型品种；到了更东面的黔西、金沙等地，平均海拔下降至1000米，冷凉的气候优势相对消解，在品类上不再有明显的特征。

○ 冬荪、羊肚菌、杏鲍菇、金针菇……不同菌种在这里错季错位种植，使得人们在四季均能吃上味美的食用菌。 | P020—021
○ 毕节大方县村民在野生环境中实现冬荪的人工栽培，每到收获的季节，村民们都为了鲜菌上市而忙碌不已。 | P022
○ 织金竹荪于2010年获得国家地理标志产品保护认证。 | P023

在区位层面，威宁位于贵、川、滇三省交界处，可以通过发达的高速路网辐射整个西南市场；气候上，威宁的冷凉气候极大降低了工厂的控温成本，这里生产的金针菇、杏鲍菇、香菇，如今已占据很高的市场份额；而从服务社会角度，威宁是贵州的人口第一大县，有约160万户籍人口，本地劳动力充足，当地工厂还是利用冷凉气候进行大规模工厂化生产的代表，而乌蒙山区中涌现出更多的农村合作社和个体户，他们的蓬勃发展更能体现"错季"特征。11月中，当我和朱国胜来到威宁白沙村的大棚中，采收大球盖菇的工作已近尾声。这种菌菇的传统产区在北方的山东、河北等地，眼下，当别的省份于秋冬季节刚刚准备种植时，乌蒙山区的大球盖菇已经错峰上市——与传统产区形成几个月时间差，使乌蒙山的从业者可以获得更大的溢价空间。相似的案例也出现在赫章，每年夏天，当大量肉质肥厚、味道鲜美的平菇从这里运往全国各地时，其他产区还在等待秋冬种植期的来临。

"错季"也是通往更大蓝图的途径。在朱国胜看来，高海拔的错季出菇带来的经济效益，使乌蒙山区足以成为引领贵州食用菌产业的"示范区"：乌蒙山区的顺季品种（如红托竹荪），也可以成为贵州其他区域的错季品种；而从更高的视角来看，贵州完全可以利用省内海拔、气温的"多样性"，来完善"全周年"的生产布局——对于食用菌市场来说，拥有全年稳定的供应能力，也意味着巨大的效益潜力。朱国胜向我介绍了一个更具想象空间的前景：他的团队尝试将不同的海拔、纬度条件进行排列组合，在全省各地选出了贵阳、安龙、罗甸等五个试验点，把乌蒙山区的竹荪引种至这些试点，并采集品质、产量的相关数据，从而建立一个可以逐步推广至更大区域的数据模型。"到时候，

只要把气象、生态数据输进这个数据模型，什么地方、什么时间适合种什么品种的竹荪，就会有一个答案。"

"错位"，乌蒙山的产业密码

秋天的乌蒙山中，采收冬荪的工作已近尾声。在当地人的带领下，我们在大方县新田村见到了为数不多、尚待采摘的冬荪。狭长田垄的一侧是高大的杂树林，另一侧向阳的坡面上则是艰难开垦出的玉米地，这片冬荪田正处于两片山坡环抱的阴凉地带。这片土地曾因缺乏光照而被撂荒，但这些看似不利的条件，却非常适合冬荪这类喜阴的经济作物生长。

就在这片狭长地块上，田健告诉我，一平方米种植面积内收获的冬荪，在制成干品后重约2—3两，在今年，可以带来约180元的收入——对比

一旁的玉米地，单位面积的经济产出几乎翻了二十倍。田健是土生土长的新田人，大学毕业后回乡创办了合作社，为周边村民提供种植食用菌的菌棒、菌材——合作社负责前后端的菌棒生产、菌菇销售，村民负责中间端的生产种植，这种模式在乌蒙山颇为常见，对于缺乏技术背景和销售渠道的农户而言，可以无负担地快速"入行"。

以冬荪为代表的新产业给村子带来了巨大的改变。很难想象，短短几年前，新田村还不通公路，就连打电话也要"需要跑到山头上找信号"。而如今，连接外界的"产业路"已经修好，信号塔也竖立起来。

真菌是自然界废物的分解者——在贵州，似乎所有的食用菌专家都从真菌的自然角色中得到启发，喜欢把"变废为宝"挂在嘴边：正如新田村的案例一样，许多食用菌成长的土地，往往是林下、背阴山地等原本难以利用的土地；对于许多仍然从事传统农业的散户而言，种植食用菌可以利用农闲时节，或只需在平时投入较少的精力进行日常管护；而栽培真菌的菌材，也多来自木屑、秸秆的废物利用。

听起来如此理想的产业其实也面临挑战。由于受到耕地红线的严格限制，食用菌栽培不得不"废物利用""寸土必争"，寻求空间上的"错位"发展。以威宁为例，县内的大部分区域处于云贵准静止锋西侧的锋前地带，年平均日照数超过了 1800 小时，是贵州少有的"阳光城"。基于这样的气候特点，威宁大规模发展光伏发电，而光伏板下闲置的阴凉土地也被见缝插针利用起来，建起了种植香菇、平菇、羊肚菌的大棚。这样略带奇幻色彩的场景，在当地被称为"农光互补"。

更多新的方法也在试验之中。威宁县高峰村的刘支书告诉我，在过去的几个月中，村里划定了一块十几平方米的试验田，尝试大球盖菇与玉米套种。高大的玉米可以为大球盖菇遮阴，创造适宜菌类生长的较低温度，极大减少了大棚等栽培设备的投入；而种植大球盖菇的菌棒菌材，也成为玉米的营养物质，菌物分解作用中产生的二氧化碳，还会促进玉米的光合作用。这个不甚起眼的小型试验取得了不错的经济效益，最终收获了 200 斤大球盖菇，带来了上千元的额外收入。

在乌蒙山区的探访中，数不清的从业者、地方干部都曾和我提到，这里缺乏平坦、广阔的耕地，如果仅仅固守玉米之类的传统作物，无法与可进行机械化作业的平原大省竞争。"错位"，成为在地理"劣势"中破局的方法论。

回望历史，乌蒙山区的食用菌产业，总是与时代同呼吸、共命运。20 世纪 80 年代的起步阶段，有着改革开放初期充满活力、但缺乏规范的历史背景；行业里的诸多乱象，在 21 世纪初"入世"后的市场化环境中渐趋理性；而 2016 年以来，新一轮的热潮契合了脱贫攻坚的历史使命，这个行业使许多企业、许多农民切身受益；更重要的是，"错位"破局的理念埋下了种子，在乡村振兴的新背景下，为农户们探索新的致富路径。

两千多年前，汉武帝"募豪民，田南夷"，开启了贵州历史浩浩荡荡的移民进程。农业始终是塑造贵州文化面貌的重要力量——过去的数十年中，不断蝶变的食用菌产业，也在见证乌蒙山中千百年来的农业传统走向一个更尊重科学、拥抱现代的未来。

○ 高温的冬荪烘干房中，常能见到勤劳忙碌的育菇人穿梭其间。

即便在现代，有着『山地公园省』之称的贵州，在不少产业的发展上都需要考虑山地适应性，尤其是第一产业。自2016年来，食用菌凭借着不与农作物争田夺地时，又能融入山林的秉性，成了扶贫工作的重点产业，如今已在黔地四处开花。

此时，一场『菌子巡游记』即将开启。请想象一下，此刻您已抵达黔西南布依族苗族自治州（以下简称『黔西南州』），正身处一幅山菌绣像中——此处不似贵州其他地区多雨，更近云南之和煦。接下来，我们将巡游黔西南州多地，沿着黑、褐、灰系绣线体察，探访黑木耳、黑牛肝菌、灰树花、香菇的家园，这各色绣线即是山菌产业的俯视图。我们看菌与山林怎样融为一体，又是如何写意出鲜蕈山河。

撰文 ✛ 孔雪

黔西南：菌子巡游记

秧坝、贞丰：斑斓的黑

驶入黔西南州，路途两旁"巧马""望谟"等地标依次闪过；进入有"中华布依第一县"之誉的册亨县后，"落晚""福尧"之名亦引人遐想。查阅后得知，这些好听如诗画的名字皆从布依族古语音译而来。

"说'路不拾遗、夜不闭户'也不过分，"黑木耳种植户黄思维谈起秧坝镇民风时说，"布依族看重婚丧嫁娶、各种节日，'三月三''六月六'给再多钱也不加班，就是要跳舞。"已过立冬，若在老家湖南，黄思维早已裹上棉服。但在黔西南暖冬里，他脚踩一双凉拖，在弯绕山路间已走了许多来回，看了无数遍漫山的郁郁葱葱。

秧坝镇的主产业是林业，森林覆盖率高达87%。2020年，随着贵州荣善现代农业开发有限公司（以下简称"荣善"）等食用菌企业的进驻，秧坝的产业图景中增添了"黑白影画"。作为册亨县新晋的黑木耳种植基地，秧坝镇日光足、通风好，年种植面积达四百到六百亩。经三四年发展，荣善已是黔西南木耳产业的代表性企业。

在秧坝，黑木耳与水稻轮作，以菌棒形式地栽。收稻后剩下的秸秆能铺地为木耳保湿，出耳后的菌棒可还田做肥。人们将九十月割稻之后下棒的这一轮黑木耳称作"冬耳"。冬耳喜低气温，长速慢，肉肥厚，价更高。当主导上半年市场的东北黑木耳退场后，它将在下半场竞争中占领市场一席之地。此外，秧坝春耳的种植期约在正月十五到农历二月。黑木耳制成干品后，先被运输至长沙，再进一步销至南方市场，出厂价能达到32—38元/斤。此时，农户的大棚中还在试种毛木耳，成熟后的毛木耳鲜品将供应西南火锅店，或被收购用于螺蛳粉

木耳料包等预制菜制作。荣善最初来到秧坝是受到扶贫政策的吸引，发展几年后，更加看重这块能滋养出优质高山黑木耳的宝地。2020年贵州实现全面脱贫之后，农田建设的标准化对种植面积的影响突显出来。为了保证经营的长久性，荣善加大了惠农力度，从菌棒选择、下种到管护，都安排了来自福建、浙江等地的技术人员驻村跟进，最后还会以保底价回收农户、合作社的干品。"做农业就是这样，我们和农户站在一起，与村民一荣俱荣。"黄思维说。

在贞丰县，"黑"是敦厚、成熟且神秘的——身形敦厚、产业成熟、技术神秘。连日阴冷的贞丰县十分符合人们对贵州冬日的印象。朵朵黑牛肝菌正从菌瓶中探出头，它们身处的智能菇房能模拟出亚热带温暖的野外环境。挤在一个菌瓶的菌子们在疏菇后，往往只能幸存下一朵，逐渐长到豌豆、蚕豆、乒乓球般大小。黑牛肝菌将在80克左右被采摘，再以约60元每公斤的鲜品出厂价进入市场。根据等级分拣后，一级菇直供盒马、山姆等生鲜平台，二级菇主供西南地区餐饮行业，三级菇加工成佐餐酱等产品，其他废料则回收做果蔬种植有机肥。作为国内高端珍稀菌生产企业的代表，贵州宏臻菌业集团（以下简称"宏臻"）已建成全球最大的黑牛肝菌生产基地，实现全年稳定供应，年产鲜黑牛肝菌高达3500吨。如今的成就不仅得益于技术团队构建起的技术优势，也依托于成熟的全产业链。在深加工产品上，成立子公司"牛夫人"，自主研发不限于冻干片、菌汤包、佐餐酱，以及米线、捞饭、意面等牛肝菌风味食品，还以联名新品，如五芳斋菌粽等吸睛。如今，"牛夫人"产品已辐射北上广等一线城市，覆盖华北、华东等多个片区。犹如"竹子定律"，厚积薄发，这一切都是长期努

力积淀的成果。2013 年宏臻在云南景洪成立，2017 年牛夫人成立，2018 年宏臻受扶贫政策之惠设厂贞丰。进入贞丰后，宏臻带着此前的经验，开创新篇章。肥美香醇的黑牛肝菌最初野生于夏季的马尾松、油茶林地，十多年前走出森林，在暖热的西双版纳智能菇房安家，而今又抵达黔西南，将这珍贵的菌种播撒在贵州的土地上。

兴义、安龙：灰褐之舞

透过"黑之斑斓"，我们以技术、产业链、在地关系等视角，串联起不同类型的企业历程，一窥黔西南食用菌产业的总体风貌。而灰褐色将牵起另一线索：脱贫攻坚战告捷后，作为扶贫产业兴起的食用菌能否行而不辍？

来到下一站兴义市，街边三角梅透着莹亮的光，这里的方言夹杂着云南话，明朗的气候与昆明极为相像。兴义是黔西南州首府，是黔、桂、滇三省交会区域的活力之城。曾风靡日本、新加坡的"舞茸"，即灰树花，是它的新客。灰树花口感鲜脆、清香飘逸、食药两用。在兴义市食用菌产业园的智慧菇房中，一朵朵灰树花正透过菌袋伸出幼嫩身姿。30—40 天后，它们将出落成一簇簇约 150 克的"莲花"，颜色灰黑、朵型圆整。灰树花鲜品以 12—15 元每斤的出厂价主供西南与华南的火锅餐饮业、保健食品加工业，或作为中高端食用菌由分销商精包装后转销往一线城市。

成书于清末的《兴义府志》中有对野生鸡枞菌、青冈菌、芝麻菌等菌类的记载，灰树花则是兴义现代食用菌产业的新主角。它安家于洒金街道，这是黔西南首个在易地扶贫搬迁安置点成立的街道办事处，汇集搬迁群众 3 万余人。将灰树花从浙江引入兴义的向导是园区龙头企业福丰农业资源发展有限公司（以下简称"福丰"）。作为国企，福丰带着扶贫任务而生，选择了在中高端食用菌领域有发展潜力的灰树花。2022 年 4 月，这家黔西南首个工厂化栽培灰树花的企业投产，全年出菇，日产量达 4—5 吨。

灰树花的另一种种植方式是林下栽培。菇房出菇后，菌袋被移至山林覆土栽培。此后两年，它将见证杂草茂盛、昆虫飞舞的场面，并以一年一季的频率连续出菇。山间杂草半年就能蹿至三米高，但它与虫子都不是灰树花的敌人。林下栽培遵循共生逻辑，采取人工除草、生石灰防虫等不破坏生态链的方式，保留人、菌、山林之间更本源的良性关系。林下灰树花大小不一，口感更像野生菌，最大的可达 11 斤重。但因品相不可控，主要供应喜食野生菌的云贵地区，卖价低于工厂化鲜品。

进入乡村振兴阶段后，福丰正在从扶贫导向转向市场导向。当农业热词从"扶贫"转向"大食物观"的时候，福丰亦利用三千多亩国有林地，以食物供给多元化的理念在林间造粮仓，参与到国民饮食结构从温饱型到营养型再到多元型的转变过程中。

○ 公路与桥梁贯通，大面积现代化的"智慧菇房"乍现黔西南州山林之间。 | P 026—027

当我们转而跟进另一条褐色的线索，安龙县的故事启幕了。新生的"蘑菇小镇"中菇棚林立，以至于人还未走近，鲜菇未可见，醇香已扑鼻。

气候温和的安龙非常适宜香菇产业发展。安龙属亚热带季风湿润气候，年平均气温 15.3℃，香菇两年可产三季，能与东北、河北、河南等香菇主产区错峰生产，形成夏菇优势产区。采收后的鲜品分级销往成都、重庆、昆明等西南地区，干品与香菇脆则以线上形式销售。

如今安龙已打响品牌"安龙香菇"，拥有全国第二个、贵州首个以食用菌产业为主导的国家现代农业产业园。蘑菇小镇等搬迁小镇也有了安身立命的特色产业。

在安龙县，脱贫攻坚与乡村振兴的衔接有明确路径：政府服务的常态化。2016 年后，安龙香菇产业快速起步，政府建设的食用菌产业交易市场以及"五个中心"（菌种、研发、培训、交易、文化）也在成长。成体系的政府服务延续至今，日臻成熟。

例如，90后青年周静所在的研发中心面向企业提供多项技术服务。试验菌种稳定性的测试将帮助企业降低菌种研发与试错成本。实验室工厂化制棒设备则可为企业提供抗病性更好的菌棒，产出菇面光滑、菌盖厚实、菌腿粗壮的香菇同时，还能实现"四季入棒，四季出菇"。政府服务还涵盖冷链仓储物流、技术培训、企业信息与技术互通、销售平台对接等。它们使中小型企业以低成本获得技术、场地、品牌推广等支持，帮助产业实现多层次、多样化发展，呈现美美与共的企业集群。

穿梭于灰、黑、褐之间，一趟菌子巡游记已临近尾声。我们以寻访浅见总结黔西南食用菌产业的特点：不同于毕节等地的冷凉型气候，这里以适应温和气候的菌种为主；各项优势明显，如滇、桂、黔三省通衢之区位优势、云贵准静止锋西侧位置的气候优势以及丰富的水资源优势等；作为省内三大食用菌产业集群之一，它涵盖香菇、木耳等常见品种，亦有黑牛肝菌、灰树花等中高端新品，呈现出

工厂化程度较高、产业链发育较充分、大中小企业聚集、政府服务日臻完善等特点。

言其亮点，在脱贫攻坚与乡村振兴的衔接期，政府服务成为有效路径。贵州各地的食用菌产业面临一个共同问题：脱贫攻坚战结束后，乘风而来的企业何去何从？安龙县则提供了新样本：政府服务常态化且日臻完善，于企业而言是一大助力，于政府而言是成长机遇，于产业而言是从扶贫产业向区域特色产业的蜕变。在黔西南，中小微型企业能深入村镇的毛细血管，广惠山间基层，夯实群众基础；大型企业、投资机构能健全产业链、精进科研、打响品牌以及区域公共品牌。它们以不同路径汇成错落有致的产业集群，激活多层次劳动力资源。

同时，黔西南经验亦是点滴积累而成。比如，如何根据本土植物资源研发、调整培养基质；如何在布依族、苗族等少数民族混居地区与乐天知足的农户建立现代契约关系。不同于福建等劳动力密集的食用菌优势产区，黔西南青壮年劳动力外流，妇女与中老年返乡群体构成劳动主力，这促使企业建立更智能化的工厂与设备。在福丰车间，一种专为女性使用的搬运铲车忙碌不停，目前已申请专利。在安龙县，习惯棚内通风的北方香菇企业进驻后，接纳了研发中心提出的本土建议，适当闷棚。无论多成熟的企业都要在落地时面对磨合，这恰是凝结本土经验的契机。

当然，这幅黔西南的山菌绣像也有留白，如科技人才不够充足，菌种、产品研发等关键技术领域未实现本土突破，中小微型企业生产标准化水平不高等。风物长宜放眼量，在不同时代，于崎岖山间，一代代黔西南人开辟新业，如今亦是如此。黔菌产业自2016年起实现了短平快的基础发展，当产业放眼长久，诸多瓶颈的突破还需久久为功，方能青山常在。

○ 拥有各异形态的灰树花、木耳、黑牛肝菌、香菇等食用菌，给世人带来了截然不同的风味体验。| P 030—031
○ 黔西南的少数民族充分利用田间资源，开展稻（水稻）耳（木耳）轮作，刚"种"下不久的黑木耳菌棒身着雪白外膜，日光下恍如田中薄雪。| P 032

天空放亮，下了一夜的雨在清晨八点初停。水洼映出『蘑菇猎人』夏德发的身影。夏叔是我们这次梵净山寻觅野生菌之旅的本地向导，他踩好黑色雨靴，披上土褐色迷彩服，握上一把称手的木柄镰刀，带着我们，从山脚向着雨后的山坡出发了。

撰文✿孔雪

梵净山：
跟着"蘑菇猎人"采菌子

林幽菌茂，逸生在山野

56 岁的夏叔在山中走了 50 多年，任它是青苔、石子、泥泞路都如履平地。一把普通镰刀到他手中，就能轻松地够高就低，砍掉拦路碰头的枝蔓。

疏密有致的针阔混交林中，日光如星光般柔和洒落，将我们照得像穿入林间的斑点小兽。长苞铁杉、梵净山冷杉高大挺拔，毛桐的叶随风轻摆，高挑的楠竹蔚然成林，林下的野油茶结出果实。再往前走，低矮箭竹长成拱门，几乎将小路隐没。丰茂植草中，有一种叶似马尾的高大松木——马尾松。就在松针铺就的松褐色地面上，第一朵菌出现了。

它轻盈得如一片雪轻落地面。"没有坏，没有烂，看起来很茂盛，时机刚刚好。"夏叔说。倘若你此时蹲下来，视线刚好能略过落叶，可以端详它擎出的饱满姿态。这是一朵可采摘的松树菌，你可以轻捏根部，再柔柔提起，菌子被拔出的同时还会带出些许潮湿泥土。

这里的"松树菌"是山民们给予朴素菌种的一个统称，用来指代那些生长在松树周边或落地松针上

○ 梵净山是贵州复杂地质变迁的缩影，自 14 亿年前的中元古代以来，贵州所在的地壳经历了多次升降，后逐渐由海洋抬升为陆地。 | P 034—035
○ 亮叶水青冈群落在此繁殖生长，也给喜阴喜湿的菌子营造了优秀的林下环境。 | P 036—037

的菌类。淡土黄色或杏黄色的红汁乳菇是一种常见的松树菌，它借助马尾松的根系获得生长所需的营养，是典型的共生型野生菌。它的色彩晦暗多变，生长时，会以松针色为保护色；在被触碰、采摘后，以及保存过程中，又会发生氧化反应生出铜绿色，所以又被称为铜绿菌。铜绿菌常成对出现，只要你发现了一朵，就有可能在周围一米内的松林里寻获另一朵。

再走几步，落地的野板栗闪着油光。板栗树下，山民常能采到"板栗菌"，这也是一种俗称，统指板栗树下常见的野生菌，比如灰树花。这种珊瑚状的肉质菌子生得摇曳多姿，在被广泛认知为口感鲜脆的食药两用菌之前，人们用它作为辨别板栗树老化生病的标志——灰树花是一种木腐菌，倘若在板栗树桩或树根上生长数量过多，很容易造成树木的

芯材腐朽。

在辽阔的梵净山林中，共生型、寄生型、腐生型的菌子自在逸生。鲜美的鸡㙡菌，是西南人的情有独钟，多长在雨季里的白蚂蚁窝上，是与白蚁和谐共生的菌种。鸡油菌，伴有一种水果香气，常与云杉、铁杉、栎等树种共生。野生香菇和木耳则是腐生菌的代表。

每年农历四五月份，大多数菌子纷纷现身梵净山，汇聚一场菌子盛会，这是一个人人都能从大地上捡拾惊喜的时节。夏叔依照近年捡拾菌子的经历，筛选出菌子生长较多的点位，串联出了一条私人路线，这条路线在海拔 500—520 米间浮动。出菌季，40分钟的纯步行路程会被延长到三四个小时，夏叔一路走走停停，最终以满满一背篓鲜菌收尾。很多山民也会发掘自己的宝藏路线，大家深谙一种采菌"密语"，当你在林间听到一个人远远喊道，"我这里一朵也没啦！"此时你要领会，他正守着一窝鲜菌呢。

许多菌子颇为狡猾，会给自己穿上大地色系的保护衣。采菌人常会在进山时捡一段树枝，用树枝拨拉开落叶后，方能见到菌子真身。但总有失手的时候，拨开的也有可能是夏叔口中"没味、咬不动"的"老木菌"或"肉薄、懒得采"的"皮伞菌"。老木菌生得像火鸡的土黄色尾巴，肉质呈革质至半纤维质，常做药用。皮伞菌是土栖腐生的中小型菌，它顶起的土褐色小伞肉薄且韧，被山民归于"随便吃吃"的杂菌。

若将菌子拟人化，它们更各有性情。土黄褐色的菌子像内向型伪装者，绣球菌、竹荪则是外向型表演者。绣球菌因形似巨大绣球而得名——"像银耳，比银耳更厚，"夏叔说，"味道嘛，像猪肚，但比猪肚好吃许多。"走在林间，忽见一簇绽放的雪白团子，大概谁都很难拒绝这林间童话一般的存

马勃也白嫩，它生长至衰亡后渐成黄褐色，顶端会凹出一口，若遇到外力戳碰，则会拼尽全力喷出孢子。

万千鲜活菌子中自然少不了让人大惊失色的毒菌。西南地区常见的致死毒菌有致命鹅膏、肉褐鳞环柄菇和亚稀褶红菇等。亚稀褶红菇是此地常见的毒菌，也是夏叔口中的"火炭菌"。它并不扎堆在春天，而是常见于十月前的夏秋季，一旦成熟后会变成煤黑色，较好辨认。

除了对毒菌要敬而远之，祖辈口传的采菌经验亦深植在夏叔脑海——夏季小心有蛇，雨后小心路滑，下雨天不上山……他用朴素的观察法辨识菌子的新鲜度、毒性，比如，色泽是否发暗、是否因受伤而变色，是否从边缘或顶端开始腐败、塌陷；再如，会找虫蛀的痕迹，并将此作为初步判别菌子无毒的标志。

采菌人还会秉持一个信条：以平常心碰运气。纵然是旺季雨后，菌子成熟的时机也稍纵即逝。

在山林的馈赠与玩笑之间，山民从小就对运气与遗憾坦然接受。他们能一身轻松地上山，花开堪折直须折；也能一身清白地下山，任流水落花春去也。我们将夏叔称作"蘑菇猎人"，所指并非强对弱之捕猎，而是有情的人对菌念念不忘的期待与寻觅，这也是梵净山与采菌人之间达成的默契——随自然起伏，有洒脱意味。

在吧？珊瑚菌俗称扫把菌，因珊瑚状身形与明亮色泽别具一格，它们深谙山中吸睛之道。我们遇见了可食用的金黄色的珊瑚菌，它们钻出厚厚的松针，挺立出小荷尖角般的幼嫩姿态，冒出的高度未足指节大小，微小却十足耀眼。

幼小的大红菇尚未长成童话里的红蘑菇房子，但夺目的红仍与悬在半空的火棘红果、伏在野草中的蛇莓红果一起，散作藏在林间的宝石。而夏叔记忆里的"白月光"是雪色的——一朵竹荪正将网裙顺着菌盖向下生长，在铺展得正齐整时，他遇见了它，如观无声落雪，森林寂静芬芳。

这个初冬，我们也遇见了小小"雪球"，它们是初生的白牛肝菌与马勃。尚未及半个乒乓球大小的白牛肝菌趴在地上，浑身裹着小而肥的衣裳。初生的

○ 常年行走在梵净山的"蘑菇猎人"，已经在心中形成了一张山
  间菌子地图。 │ P 038

○ 雨后，成片的金黄色珊瑚菌钻出土壤，因形似扫把，也被当地
  人称为扫把菌。 │ P 039 上图

○ 在自然界中，菌子开伞有利于孢子传播，马勃成熟之后，会蓄
  力喷射孢子，让种群扩散到更远的区域。 │ P 039 下图

山青人寿，共生于梵净

身在山中，人被揽进了菌子的魔法中。随夏叔回到侗寨，方如梦初醒般走入乡野寻常。

铜仁市江口县的寨沙侗寨是梵净山山麓一座青山环抱的侗族村寨。寨门前太平河舒缓流淌，寨中心鼓楼与古楠木相依。寨中八、九十岁的老人很常见，夏叔姥姥去世时已是108岁高龄。细究下来，这大概得益于无污染、慢节奏的山居生活，那些富含蛋白质、氨基酸、多糖等物质的野生菌亦可算是其间的一小环。

在梵净山，人与菌子结缘已久，山里人对菌子的认知从古至今一以贯之。山间有一座"君子客桥"，实为代代山民上山采菌路过的"菌子客桥"。夏叔采菌时随口而出的比方，与清人田雯在《黔书》中"如笠""如盖""粉披如鸡羽"之说也如出一辙。采下山的菌子送到寨中烹饪，人们对毒菌的高度警惕态度同样代代传承。

山民关于菌子的观念之所以历经数代不动摇，究其原因，与现代提倡的野生菌科学采集、山林保育观念相应和。比如，采菌时，山民会从三个维度去判断：有没有毒？能不能吃？好不好吃？于是，留下了肉薄的小菇和老菇。这与"不采童菇、就地保留老菇"的科学保育观念殊途同归。

2018年梵净山被列入世界自然遗产后，侗寨中的许多高脚楼改造成了民宿，但大家采菌依旧是乐从天道，菌子更不会与利益挂钩。

随着野生菌科普活动深入山间，如今，夏叔作为护林员，与铜仁职业学院的野生菌研究团队合作，在保护区巡山时若发现珍稀野生菌，会将带着海拔、定位等水印的照片即时传送，再依据科研需求与保护区的规定，来决定是否将菌子采集下来制成标本或进行人工驯化以供研究。2022—2023年间，这位大山的联络员采集到的冬荪、绣球菌与灰树花，都成功助力科研工作。

尽管和菌的缘分越积越厚，在夏叔眼中，"菌子就像地里的青菜，没什么神奇的地方"。但是，夏叔相信整座山有神识，不可冒犯。梵净山是茶区，人们有唱茶歌、跳茶灯舞的习俗，人们可在村里尽情歌舞，但不能到山上惊扰神灵。夏叔每带科研团队上山时，都会反复警示乡土信仰与忌讳。

人与山与菌的共生关系，都基于大自然的生态逻辑。梵净山周边山峦起伏，地形复杂，林型与植被多样。亚热带季风湿润气候下，郁闭度大的森林中腐殖质丰厚，是野生菌生长繁殖的温床。阔叶林、针阔混交林、针叶林、灌丛和荒地随海拔高低错落，水热条件各异，孕育的各类野生菌径自分布。但无论是在红菇、金耳、皮伞、竹荪等大型真菌丛生的常绿阔叶林，还是冬季真菌少现的落叶阔叶林，野生菌都无时不在尽着分解者的职责。它们的菌根（真菌与植物根的共生体）还帮助林木吸收水分和养料，不断编织起更繁茂的植物群落与生态系统。

当我们有幸领略了山林真容，穿行而出之后，每人身上都挂满了草籽。这片山林是活着的，我们领受了它的馈赠，见识了它的丰盈，学会了珍视落叶的过程，也参与了万物轮生的间隙。我们采撷黔菌中最鲜醇的美味，并在离别时将它带来的惊奇转化为对贵州山林的敬畏与感恩。

○山下侗寨的人会将采多了的菌子晒干或冷冻保存，但这只是退而求其次的保存方式，要知道，鲜菌才是王道。 | P040

○ 山脚丛林中，树桩上、土地上随处可见各种形态的野生菌。

梵净山野生菌垂直分布图

撰文 ✚ 何荣健

梵净山位于贵州省铜仁市的江口、印江、松桃三县交界处，是武陵山脉的主峰，其中最高峰凤凰山海拔 2572 米。1978 年，梵净山保护区被国务院确定为国家级自然保护区；1986 年，被联合国教科文组织纳入"人与生物圈"自然保护区网；2018 年，梵净山获准列入世界自然遗产名录。

梵净山地形复杂，小生境变化多样，森林植被类型随海拔高度变化呈垂直分布。根据海拔由低到高，梵净山的植被类型可依次划分为 3 个大的植被带，分别为：低山常绿阔叶林和暖性针叶林带、竹林（海拔 1300 米以下）；中山常绿落叶阔叶混交林和温性针阔混交林带（海拔 1300—2200 米）；寒温性针叶树的针阔混交林和亚高山灌丛草甸带（海拔 2200—2570.5 米）。

梵净山资源丰富，共发现野生动植物 7000 多种，大型真菌 800 余种。常绿阔叶落叶混交林中分布的大型真菌最多，其次为落叶阔叶林和针阔混交林。

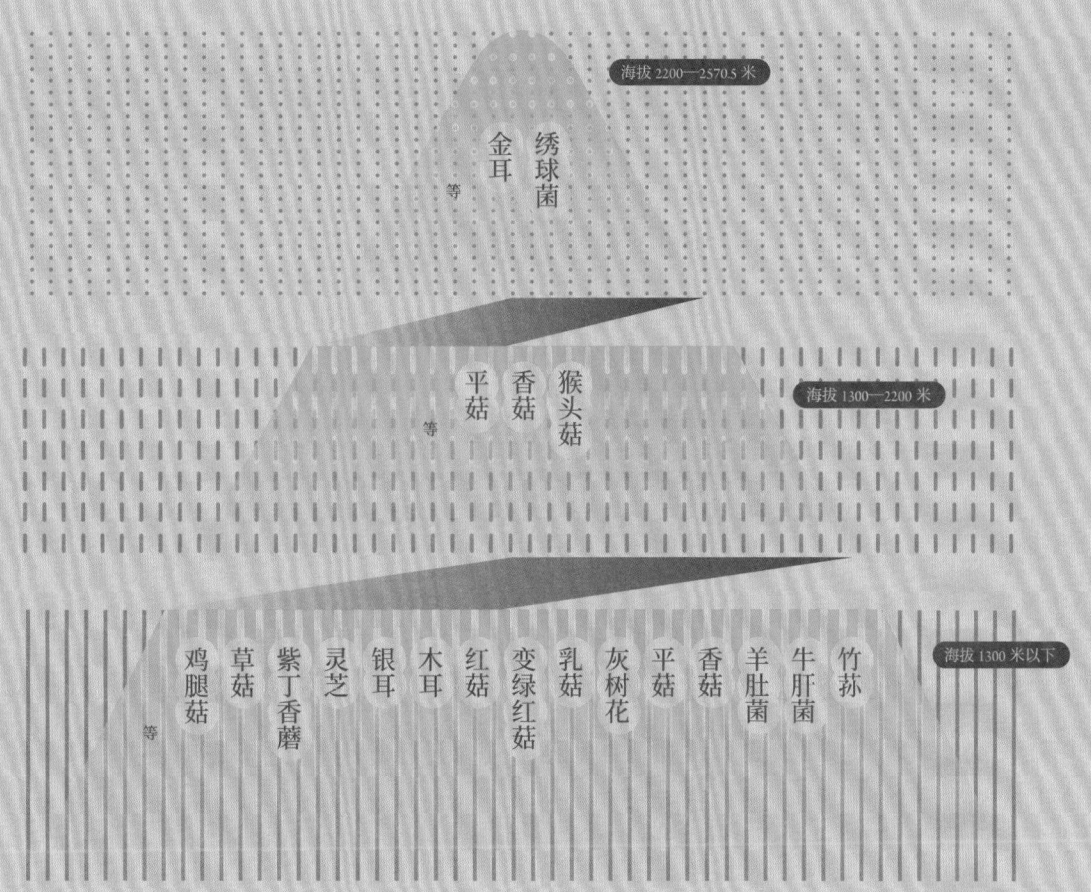

海拔 2200—2570.5 米

金耳　绣球菌　等

海拔 1300—2200 米

平菇　香菇　猴头菇　等

海拔 1300 米以下

鸡腿菇　草菇　紫丁香蘑　灵芝　银耳　木耳　红菇　变绿红菇　乳菇　灰树花　平菇　香菇　羊肚菌　牛肝菌　竹荪　等

贵州野生菌
"红黑榜"

看过贵州这么多诱人的野生菌，
你是不是跃跃欲试，想要上山采菌了？
且别着急，
菌子们也有危险性，万不可掉以轻心

撰文 ✿ 赶尾人

鹅膏

同样剧毒的，还有数种鹅膏：致命鹅膏（*Amanita exitialis*）、黄盖鹅膏（*Amanita subjunquillea*）、裂皮鹅膏（*Amanita rimosa*）、灰花纹鹅膏（*Amanita fuliginea*）等。因为它们常见且量大，所以引发的中毒死亡事件也是最多的。

剧毒鹅膏最险恶之处，在于中毒过程中有假愈期：误食后先出现的是恶心、腹泻等胃肠炎症状，第二至第三天时这些症状可能会消失，此时患者很容易误认为自己已经痊愈，从而错失抢救时机，最后因出现爆发性肝功能衰竭而殒命。

为了减少鹅膏中毒事件的发生，我国菌物学家总结出一句顺口溜——"头上戴帽、腰间系裙、脚上穿鞋"，但凡同时符合这三个特征的蘑菇都不要吃。虽然这句顺口溜"误伤"了黄蜡鹅膏（*Amanita kitamagotake*）、高大鹅膏（*Amanita princeps*）等一众安全且美味的菌子，但确确实实提高了大众对剧毒鹅膏的警惕性。

亚稀褶红菇

"火炭菌"可以算是毒性最大的一种，别看它灰不溜秋、又矮又胖，可是个难缠的凶狠角色！它的正式名称是亚稀褶红菇（*Russula subnigricans*），能引发横纹肌溶解，进而引起严重的肾功能损伤甚至多器官衰竭。中毒后死亡率高，即使幸存也可能留下后遗症。

这种凶悍的毒蘑菇，偏偏有众多可食用的"亲戚"，如密褶红菇（*Russula densifolia*）和稀褶红菇（*Russula nigricans*）等，它们在民间都被称为"火炭菌"。因为外观与亚稀褶红菇毫无二致，所以以因误食亚稀褶红菇而中毒的不少都是有经验的采菌人。以往我们认为，某种"火炭菌"是否有剧毒，可以通过变色特征来判断——若菌体受伤后只变红，则是亚稀褶红菇，有剧毒；若受伤后先变红后变黑，则可食。但近年来发现，"火炭菌"家族亦有成员在受伤后只会变红，且民间又有食用的先例，这就导致我们无法简单易行地判断某种"火炭菌"是否有剧毒，只能号召人们尽量不吃"火炭菌"。

肉褐鳞环柄菇、
长沟盔孢伞

红菇和鹅膏多数都生长在森林里，那森林外的蘑菇就能吃了吗？答案当然是否定的。

长得像香菇、常在绿化带地面出现的肉褐鳞环柄菇（*Lepiota brunneoincarnata*），长得像野生金针菇、在木头上生长的长沟盔孢伞（*Galerina sulciceps*），都有着与剧毒鹅膏相同的肝毒性，也是"杀人不眨眼"的狠角色。

温馨提示

谨记！在对当地野生菌没有充分了解的情况下，切勿采集食用野生菌！这不是选择题，请不要把猜的答案"写"进胃里，否则，这张"考卷"上的零分一不小心就会成为人生的句号。

识"毒菇"秘籍

古今中外的先辈们做了不少尝试，比如：在我国和欧洲，人们会通过蘑菇是否有苦辣味来判断；我国西南地区人们会在烹饪菌子时加入大蒜，并通过大蒜是否变色判断；还有各地人广泛使用的看蘑菇是否被虫子吃过、颜色是否鲜艳等方法。这些方法并不是万能的，有的只对小部分种类有用，有的干脆就只是人们的一厢情愿。只有知道蘑菇的具体类别，才能判断出眼前的蘑菇是否可以安全食用。

○ 贵州的集市上，品种丰富的食用菌吸引各路食客的目光，其中
红托竹荪更是当地人引以为傲的特产。

贵州山林间藏匿着令人垂涎的美味，当地
人更深谙不同时节中这片土地的惊喜。近
年来，红托竹荪、冬荪、黑牛肝菌等"山
珍"开始突破地域限制，走上各地的餐桌，
成就出新时代的美味佳话

贵州，食用菌天堂

蘑菇知多少

撰文 ✿ 南旺

蕈菌：能形成肉眼可见的大型子实体或菌核类组织的高等菌类，是能供人们食用或药用的一类大型真菌。生长在树上或腐木上的为"蕈"，生长在土壤或地上腐殖层的为"菌"。在地球生态系统中，蕈菌不属于植物也不属于动物，它不靠光合作用来生长，而是靠分解有机质来获取能量和营养，主要通过产生孢子来繁殖。主要分为腐生菌、寄生菌、共生菌三大类。

腐生菌：从腐烂的有机物中获得营养的真菌。其中的食用菌按栽培原材料主要可分为木腐菌和草腐菌。

木腐菌多生长在死树、断枝腐木上，通过分解木材实现生长，但会引起树木腐朽死亡。同时木腐菌还通过分解木质素，将有机质融入土壤，帮助其他生物成长。草腐菌多生长在草本植物，特别是禾本科植物腐烂的腐殖质上，以纤维素为主要碳源。

寄生菌：依靠寄主提供营养和能量，冬虫夏草就属于此类。

共生菌：指与其他生物形成共生关系的真菌，包括菌根菌、地衣以及非植物共生菌。菌根菌与植物形成共生关系，能从植物根系吸收营养，如松乳菇、白牛肝菌等。非植物共生菌，是指与非植物生物形成共生关系的真菌，最典型的是与白蚁筑巢共生的鸡枞菌。

食用菌生长温度
（子实体分化温度）：
高温型：25℃以上
中温型：15-25℃左右
低温型：15℃以下

双孢蘑菇

红托竹荪

双孢蘑菇 Agaricus bisporus
世界上人工栽培种植量最大的食用蘑菇之一，有"世界菇"的美誉。双孢蘑菇常见有白色、灰白色、淡黄色和褐色，白色最为常见。
中低温型　春秋季

香菇 Lentinula edodes
又名香蕈，是中国特产，也是我国人工栽培产量最高的食用菌之一，南宋时期我国就已经实现了香菇的人工栽培。香菇有一股独特香气，来自于制过程中香菇酸分解形成的风味物质，因此也成为一种广为使用的调味品。
广温型
中低海拔春秋冬季，高海拔夏秋季

卵孢长根菇（黑皮鸡枞）
Hymenopellis raphanipes
又称水鸡枞、草鸡枞。它与鸡枞菌并不是一个物种，虽然也有一根长长的假根，但连接的并不是白蚁巢，而是腐木。它的肉质鲜嫩，生熟都可食用，如今也实现了规模化种植。
中高温型　春夏秋季

香菇

冬荪

羊肚菌

卵孢长根菇

丝盖冬菇

红托竹荪 Phallus rubrovolvatus
又名竹笙、竹参等，是世界上最珍贵的食用菌之一。形态独特，有一层雪白的菌裙围绕菌柄，顶端有深色菌盖，被人们美称为"菌中皇后"。它的气味清香，口感脆嫩，在野生环境中常生长在竹林。
中温型　春夏秋季

冬荪 Phallus dongsun
属于珍稀食药用菌。曾被误认为白鬼笔。野生冬荪多生长在乌蒙山区，海拔在1200米以上，喜欢阴凉、凉爽的自然林地。目前，大方县已经实现了冬荪的人工栽培。
中低温型　秋冬季

羊肚菌 Morchella spp.
又名羊肚菜、羊肚蘑等，是世界名贵食用菌。羊肚菌外形有趣，菌盖是不规则状的圆形，上面布满了网状纹络，因酷似羊肚而得名。
低温型　冬春季

丝盖冬菇（金针菇）Flammulina filiformis
因菌柄细长苗条，似植物金针菜而得名金针菇。金针菇含有较高含量的赖氨酸，有助于促进少儿智力发育，也被称为"益智菇"。
低温型　秋冬季

黑木耳 Auricularia heimuer

因形似耳朵而得名。我国是世界上最早食用木耳的国家，也是最早实现人工栽培木耳的国家。1400多年前，已有人工栽培黑木耳的记载。黑木耳因营养价值丰富，又被称为"中餐中的黑色瑰宝"。

中温性　秋春季

糙皮侧耳（平菇）Pleurotus ostreatus

广义上的平菇泛指侧耳属的几十个种类，其中最常见的就是糙皮侧耳。它是世界上人工栽培的主要食用菌之一，因形似扇子、表面平整而得名。

广温型　春夏秋冬季

灰树花 Grifola frondosa

夏秋时，灰树花多生长在栎树、板栗树等阔叶树的树干或木桩周围，呈灰色或浅褐色的菌柄层层叠叠，像是一朵朵绣球花。灰树花中含有灰树花多糖，具有很高的药用价值。

中温型　春秋季

暗褐脉柄牛肝菌（黑牛肝菌）
Phlebopus portentosus

黑牛肝菌泛指多个品种，本书主要介绍暗褐脉柄牛肝菌，其表面有淡黄色、茶褐色、肝褐色等，经人手采摘触摸后，菌盖颜色会逐渐变成蓝色。

高温型　野生生长在夏秋季，工厂化栽培可全年生产

皱环球盖菇（大球盖菇）
Stropharia rugosoannulata

人工栽培时多利用稻草、麦秆等农作物秸秆为栽培原料。口感鲜嫩，有"素中之荤"的美誉。

中温性　夏秋冬季

刺芹侧耳（杏鲍菇）Pleurotus eryngii

属于侧耳科侧耳属真菌，是一种大型肉质伞菌。肉质肥厚，香气略带杏仁清香，口感与鲍鱼相似，故而得名。

中低温型　春夏秋冬季

茶薪菇（茶树菇）Cyclocybe aegerita

菌盖随着生长会从半球形渐变为扁平，细嫩，柄脆，因野生于油茶树的枯干上而得名。

中温型　春秋季

猴头菇 Hericium erinaceus

因酷似猴头而得名。对生长环境很挑剔。猴头菇新鲜时为白色，干燥后变成褐色或淡棕色。在我国古代常与熊掌、燕窝、鱼翅并列，为食药用菌。

中温型　春秋冬季

金耳 Naematelia aurantialba

因颜色呈金黄色得名，又名黄木耳，还因形似人脑被称为脑耳。早在20世纪30年代，我国金耳便已出口到新加坡、马来西亚等国家。

中低温型　春秋季

裂裙菌（白参）Schizophyllum commune

又名白蕈、树花等。是一种食药用菌，肉质柔软细嫩有韧性，有特殊香味，味道鲜美。在日化、生化、造纸工艺等领域也有广泛用途和价值。

中温型　野生春秋季，工厂化栽培可全年生产

斑玉蕈（海鲜菇）Hypsizygus marmoreus

因烹饪后具有海鲜香味得名。常见有白色、乳白色、灰褐色三种品种，原产于寒温带的山毛榉等阔叶林中。

中低温型　秋春季

荷叶离褶伞（鹿茸菇）Lyophyllum decastes

灰白色，因形状酷似幼小鹿角而得名，切片形态与名贵中药鹿茸相似。肉质肥厚，口感细腻，味道清香，有"菌中贵妃"美誉。

中低温型　春夏秋冬季

秀珍侧耳（秀珍菇）Pleurotus geesterani

又名小平菇、姬菇，是平菇家族的一员，味道鲜美，营养丰富，有"菇中极品"的美誉。秀珍菇原产于印度，菌柄5—6厘米，菌盖直径小于3厘米，因个头小而得名。

广温型　冬春季

白牛肝菌 Boletus bainiugan

贵州地区的常见野生菌。常见于亚热带阔叶林或针阔叶混交林。表面赭黄色至黄褐色或肉桂色，菌肉白色。能促进林木生长，维持生态平衡。

高温型　夏秋季

松乳菇 Lactarius deliciosus

花纹酷似松树年轮，新鲜的松乳菇菌盖是胡萝卜色或橙黄色，受伤后会变成铜绿色。这是贵州地区的常见野生菌，各地生长居多，在雨后生长极快。

中温型　夏秋季

鸡枞 Termitomyces albuminosus

鸡枞是和白蚁共生的菌类，白蚁在筑巢时会帮助鸡枞播下菌种，菌种在夏季长出小白球菌。鸡枞菌的基柄会长出一根长长的假根，与白蚁巢穴相连，白蚁通过假根获取抗病物质，鸡枞菌则从蚁穴中获取更多营养。

中温型　夏秋季

黑木耳

糙皮侧耳

金耳

斑玉蕈

暗褐脉柄牛肝菌

荷叶离褶伞

刺芹侧耳

白牛肝菌

茶薪菇

美味 时间成就的

红托竹荪

撰文 ✦ 郑学

我国目前已实现人工栽培的竹荪有长裙竹荪、短裙竹荪、棘托竹荪、红托竹荪，其中，红托竹荪因特有的清香气息而闻名遐迩。在"竹荪之乡"织金，人们总是对几个重要的历史场景津津乐道：1971年基辛格访华，后来有美国记者调侃说："当他从中东、中国等十国旅行二万五千里归来时，真好像是被周恩来用三丝鱼翅和竹荪芙蓉汤喂胖了。"1972年，基辛格陪同尼克松正式访华，国宴上亦有一道源自清代宫廷菜的竹荪芙蓉汤。1986年10月18日，英国女王伊丽莎白二世访粤，广东省政府在白天鹅宾馆举行盛宴款待。宴会采用广东传统的"九大簋"形式，"四菜一汤一点心"，连同主食、甜品、水果共计九道。其中，第二道大菜就是竹荪和燕窝搭配的"乳燕入竹林"。2001年10月的上海APEC会议，时任织金县竹荪开发总公司副经理的吴勇精心遴选出10千克竹荪，空运至上海滨江大酒店后，制成了晚宴的四道主菜之一"松茸竹荪汤"。过去，竹荪只能从山间竹林中采集。经过织金人四十年的努力，如今，竹荪已从群山间的"雪裙仙子"蜕变成乡村振兴的"菌中皇后"。

席上名珍：
竹荪菜和织金水八碗

  竹荪是一种有趣的食用菌，萌生之初，菌蕾宛如一颗紫红色鸟卵，卵壳绽裂后，从中间挺立起海绵状的菌柄，顶端长着钟形的菌盖，并垂绕着一圈白纱网状的菌裙。竹荪菌盖的表面，覆盖着一层暗绿色的产孢组织，孢子成熟后化为黏液。

  竹荪自古以来就深得天南地北的食客喜爱，清香型的红托竹荪更是席上名珍。福建、广东的老饕讲究以形补形，最爱竹荪滋补壮阳的功效，直到今天，竹荪产品仍以广东、香港市场最为热销。竹荪的菌伞造型优雅，富有诗意，北京民族饭店的传统名菜"纱窗明月"汤，就以鹌鹑蛋为月、菌伞为纱。无独有偶，20世纪重庆川菜的代表作"推纱望月"，则取鸽卵为月，竹荪为纱。竹荪菌柄中空，适合填酿食材，常见的是酿鸡茸，上海改为扒酿虾茸，香港的潮州菜则有豪华的竹荪燕窝卷。

  一般认为，历史文献首次记述竹荪，是唐代段成式的《酉阳杂俎》，作者在竹林中见到一种长约八寸的竹芝，外形"自节处别生一重，如结罗网……圆绕周匝，以罩柄上"。但关于食用竹荪的具体菜谱，要到清代才见到。今见最早的川菜食谱，是同治五年抄本《筵款丰馐依样调鼎新录》，该书著录的"竹参鸭子""凉拌竹松""酿竹参""清烩竹参"等菜品，至今尚有流传。

  清人将竹荪列为"草八珍"之一，全国各大菜系都有使用。出名的佳肴有川菜"蝴蝶竹荪""竹荪烩鸡片""竹荪川蟹钳""竹荪肝膏汤"，湘菜"竹荪双脆汤""奶汤竹荪鲍鱼"，滇菜"竹荪汽锅鸡"，黔菜"竹荪银耳"，桂菜"玻璃鸡片竹荪"，粤菜"竹荪扒凤燕""竹荪鹅掌"，闽菜"竹荪响螺汤""红焖竹荪"，沪浙菜"双菇竹荪"，京鲁菜"氽竹荪云片""竹荪口蘑汤"，等等。

  薛宝辰的名著《素食说略》赞其"以高汤煨之，清脆腴美"，所以各地烹饪竹荪都以汤菜为多。竹荪名肴在川菜中最为丰富，其中不乏搭配海参、燕窝等

○ 在适宜的温度和湿度条件下，红托竹荪从竹荪蛋中破壳而出，展开雪白的菌裙。| P 050

○ 织金水八碗，取"四面八方、一年四季、万事如意"寓意，八道菜分别是曹国舅烹蹄筋、吕洞宾薏仁米、汉钟离炖老鹅、蓝采和黑峰圆、铁拐李飞蛾蛋、韩湘子牵肠肚、张果老八宝饭、何仙姑酿鸡茸，更被列入省级非物质文化遗产名录。| P 053

名贵食材，而"川味正宗"成都荣乐园最讲究的菜色，则要首推大巧若拙的"竹荪素烩"，毕竟竹荪本身已是高级食材，不再需要参翅燕鲍为之增色。

清代宫廷菜、官府菜也很重视竹荪，孔府食单记载了多种使用竹荪的富贵大菜。宫廷菜也非一味奢华，著名的"清汤竹荪"就只用竹荪和豆芽余水、浇汁而已。雅致的文人菜，则有天津菜"茉莉竹荪"和浙江菜"龙井竹荪汤"，都以清香动人。佛门信士也很欣赏竹荪的清爽素雅，传统佛教素宴中，最负盛名的竹荪佳肴莫过于杭州灵隐寺的"紫竹莲池"。高僧用竹荪为主料，配以鲜莲子、鲜草菇、熟冬笋、鲜丝瓜，煮成浓而不腻、清香醇美的鲜汤，既满足了朵颐之快，又营造出南海慈航的意象。广西桂林月牙山上毁于抗战的月牙寺，也有许

多素菜流传坊间，其中一道"口蘑竹荪汤"，恰到好处地融合了口蘑的鲜香、竹荪的清爽。

要说最喜爱烹饪竹荪的地方，自然还是"竹荪之乡"织金。贵州省非物质文化遗产"织金水八碗"，是这里独具特色的盛宴。虽然全国各地都有号称"八大碗"的农家宴席，但黔西北乌蒙山区一带的水八碗则以清爽汤菜别开生面。尤其是织金的水八碗，取材本地特产的黑猪肉、土鸡、薏仁、竹荪，并以传说中的"上洞八仙"来为命名。

在织金水八碗中，通常有三道菜色使用竹荪，分别是曹国舅烹蹄筋、铁拐李飞蛾蛋、何仙姑酿鸡茸。何仙姑酿鸡茸，也就是酿鸡茸竹荪汤。竹荪的菌柄中空，酿入鸡茸是绝好搭配，造就了山乡小城难得一见的精细与清腴。

被评为第六批"贵州老字号"的织金源俊水八碗，厨艺已经传承七代。相传老板朱氏祖籍江西吉安，像"八仙云游"一样迁徙到织金，故而以此命名。传说自然已难考正，不过织金人似乎对八仙怀有独特的情感。例如古城之东有一处名胜"吕祖仙踪"，相传吕洞宾曾在石壁上留下负剑腾云的身影，清康熙年间的地方官在此立庙纪念，是为织金"十二小景"之一。推究原因，大概黔西被纳入中央政权管辖的元代，正流行信奉八仙的全真道，本地先民接触中原文化之初，就与八仙传说结下了渊源。

○ 传统观念认为竹荪只能在竹林中生长，科研人员经过不断地调查实验，实现了竹荪的人工栽培。 | P054—055

○ 织金红托竹荪在 1980 年由贵州科学院驯化栽培成功，并在此后的数年间逐步推广至诸多县市。 | P056

○ 孕育在大棚中等待绽放的竹荪蛋。 | P057

砂锅里种出的红托竹荪

83 岁高龄的杨秀嵩，见证了红托竹荪从野生到驯化的历程。故事始于织金县国有桂花林场，20 世纪 70 年代末，一名临时工来到林场，带来当时热门的平菇人工栽培技术。这启发了林场职工的思考：既然平菇可以人工栽培，并且收益不菲，那么织金特产的红托竹荪是否也可以种植？在那个年代，每斤平菇的价格约七角至一元钱，而红托竹荪干货的市价则高达 170 元一斤，经济价值不言而喻。林场因此成立食用菌栽培小组，唯一的问题在于，红托竹荪能否人工栽培？

从 20 世纪 30 年代开始，国外一些真菌学者就尝试过竹荪的人工栽培，但未获成功。传统观念以为竹荪是竹类的共生菌，只能在竹林中生长。但到了 20 世纪 80 年代，贵州科学院生物研究所的研究员胡宁拙发现竹荪是一种腐生菌，与竹类不存在共生关系，并且首先实现了竹荪的段木人工栽培。时为桂花林场副厂长的杨秀嵩根据文章，深入织金县生长竹荪的竹林考察，证实了胡宁拙的结论。杨秀

○ 群山环抱的织金县桂果镇上，有着现代化的大规模竹荪种植基地，整齐划一的农业大棚培育出的一批批优质红托竹荪将被输送到各地。| P 058

○ 贵州已建设国家食用菌种质资源库。| P 059 左图

○ 贵州金荪生物科技开发有限责任公司的温室大棚中，工作人员正在对菌棒进行接种。| P 059 右图

嵩确认，竹荪生长在温度、湿度适宜的坡地；他又访问老乡，得知清洗竹荪的水倒在竹林中，次年就会长出竹荪。总之，红托竹荪完全具备人工驯化的可能性。

75 岁的吴勇是这段历史的另一位见证者。业余从事写作的他，现在不仅是以"水西文学"知名的乡土作家，也是织金红托竹荪的积极宣传者。早年吴勇受单位委派，向胡宁拙研究员学习竹荪栽培技术。在此基础上，1983 年吴勇、杨秀嵩等林场技术人员采集织金县山区竹林里的红托竹荪菌蕾，运用组织分离法制种成功。1986 年，毕节地区科委投入 2.4 万元专门立项，由织金县科委主任杨秀峰为组长，吴勇、杨秀嵩、林朝忠、李学鲁、戴吉华和雷元林等七名干部组成课题组，开展专项攻关，实现了红托竹荪的批量生产。

攻克竹荪栽培技术的岁月，充满创业的激情。杨秀嵩当时借调在县委组织部，因为工作较忙，他请求调动到城关区林业站，以便开展栽培实验。实验成功了，向群众推广技术又是一重难关。杨秀嵩对城关区八个乡开展培训，贷款三万多元生产菌种发给农户，可是当年天气干旱，只有少数农户栽培成功，杨老只好自掏腰包归还了贷款。作为优秀的农业技术工作者，杨秀嵩性格坚韧。面对困难他没有退缩，而是通过自己的栽培示范，向群众证实技术的可行性。一段"砂锅种竹荪"的传奇，就这样展开。

今天的织金是一座热闹的山城，城中老街熙熙攘攘，人流如织。织金县原名平远州，州城东门通往省城的路上商贾络绎，明正德年间水西土司安氏设置了一处税关，名为织金关，街市也得名织金街。1914 年，平远州因织金关和织金街而改名织金县。这条古老的织金街还有一个别名"砂锅市"，因为街上曾遍布近百个制作砂锅的作坊。织金的砂锅久负盛名，清朝初年就远销云南、四川等地。杨秀嵩看中它保湿透气的优点，选用大号砂锅作为容器，在家中栽培竹荪。这次栽培实验成功后，次年织金县科委副主任林朝忠索性给科委职工每人发放 20 个砂锅，扩大实验。

杨秀嵩开创的砂锅种竹荪，因为管理方便、效益显著，取得了巨大成功。织金县掀起一阵栽种竹荪的热潮，1988 至 1990 年间全县每年种植超过三万盆，以至于原本八毛钱一只的砂锅涨价到八元。

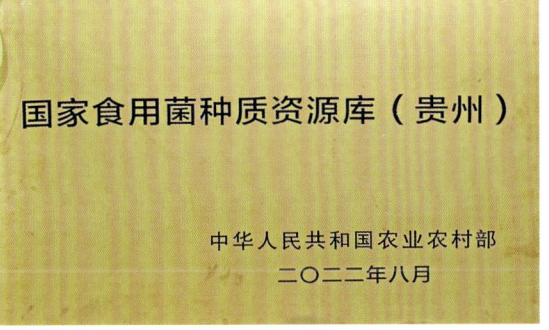

国家食用菌种质资源库（贵州）

中华人民共和国农业农村部
二〇二二年八月

织金县食用菌（竹荪）研究中心主任李启华也见证了当年盛况。1988 年 22 岁的他在农技站参加工作，每月工资 56 元，而当时每斤红托竹荪的价格可高达几百元。只要在家中腾出一个卧室，买上几只砂锅，就可以开展这门赚钱的副业，无怪人们为了竹荪如痴如狂。

20 世纪八九十年代的竹荪种植热潮后来逐渐落幕，但正如吴勇的总结："虽然后来整个织金竹荪的生产终于是以大田栽培为主，但当时砂锅栽培的独特魅力和轰动效应却是织金竹荪产业发展史上闪光的一页。"

产业化的"贵州特色"

贵州金荪生物科技开发有限责任公司、贵州金蟾大山生物科技有限责任公司，是红托竹荪生产的两大代表性企业。比起当年的筚路蓝缕，如今的菌种制备和栽培已有长足发展，形成产业化生产的"贵州特色"。

在 2013 年以前，红托竹荪普遍利用木块生料进行大棚栽培。栽培材料选用阔叶树和竹类，对生态资源造成一定压力。竹荪是一种娇贵的菌类，大棚管理防治病害比较困难，特别是有一种"黄水病"，令菇农闻之色变。一旦发生黄水病，竹荪往往大面积霉烂坏死，很多菇农因此损失惨重，甚至不敢再种竹荪。为了解决这些问题，贵州省农业科学院农作物品种资源研究所副所长、贵州省菌物学会理事长朱国胜博士，以及织金县的吴勇、阳旭等科技工作者探索出菌棒栽培、以草代木制取培养料等一系列新技术。

现如今，李启华管理的贵州金荪生物科技开发有限责任公司温室大棚中，先进的立体化栽培生产出优质高产的红托竹荪。与此同时，"两段式"的合作化栽培模式也让红托竹荪成为一项富民产业。所谓"两段式"，就是工厂采用先进技术生产菌棒，然后有计划地优惠供应农民专业合作社、专营公司和种植个体户。这种模式下，菌棒厂依靠工厂化生产和管理，产量高、成本低、质量好；农户得到技术人员的指导，有利于实现高产稳产。2018 年以来，杨秀嵩等农业科技工作者还在推广示范林下栽培技术。

织金县西邻的纳雍县，早在 1988 年就有人向杨秀嵩购买菌种，一度形成了"织金制种、纳雍栽培"的生产模式。发展至今，纳雍县的金蟾大山公司已是设备最先进的红托竹荪制种、生产企业。此外，纳雍还有一家罐装食品企业：贵州百凤庭食品有限公司，专门从事本地农产品的深加工，成就了乌蒙山"滚山鸡"与竹荪的天作之合。

从 1923 年，中国生物学的先驱人物胡先骕先生在《东大农学》第 1 卷第 1 期发表论文《说竹荪》算起，几代农业工作者付出了无数心血，才换来今天蓬勃发展的竹荪产业。织金干部职工与红托竹荪的故事，经历了波澜壮阔的四十年。2000 年，中国食用菌协会授予织金县"中国竹荪之乡"称号；2010 年，"织金竹荪"获得国家地理标志产品保护认证。在不远的将来，织金竹荪定会书写出更辉煌的新篇章。

○ 人工栽培的红托竹荪迎来丰收，现代化的种植技术保证了红托竹荪的优质和高产。 | P 060

黑牛肝菌

珍馐亦可
无限量

撰文 ✦ 郑学

这是一场生命的奇迹：每 75 天就有一茬菌菇在床架式栽培的生产线上成熟；错时栽培，无论风霜雨雪，全年 365 天都可采收……这种珍稀佳肴最初产自猿猱愁攀、人迹罕至的山林秘境，是人间至味；如今，亦可产自现代化的厂房，正走上千家万户的餐桌。

在贵州宏臻菌业集团恒温、恒湿的生产车间内，工人正忙碌地采收黑牛肝菌。这是全球最大的黑牛肝菌生产基地，来自这里的菌菇肉质肥厚饱满，单朵重量在 110 克到 180 克之间，品相整齐、香味浓郁，胜过太多的野生山珍。很快，这些黑牛肝菌将要被发往全国各地，并越洋前往美国、日本、荷兰、加拿大、西班牙等国。

○ 多数野生牛肝菌都需要特定的树木提供营养才能生长，因此人
　工驯化十分不易，科研人员通过调查研究发现黑牛肝菌具有一
　定的腐生能力，可以实现工厂化栽培。 | P 062
○ 宏臻的出菇车间内严格控制温度和湿度，一排排黑牛肝菌就在
　这静静地生长，每个栽培瓶只保留一朵黑牛肝菌。 | P 065

从山林到人境

谁能抵挡牛肝菌的诱惑？云南人宁可冒"见小人"的风险，也要大啖见手青（泛指牛肝菌科部分物种）；东北山林里，美味牛肝菌是长白山慷慨的恩赐。欧洲、北美、日本，全世界的饕客都陶醉于它的鲜香。但众多牛肝菌品种之中，唯有黑牛肝菌已经实现人工栽培。

黑牛肝菌是暗褐脉柄牛肝菌的商品名，属于牛肝菌目、褶孔牛肝菌科、脉柄牛肝菌属，原本生长在热带和亚热带地区的阔叶林中。自然的馈赠毕竟有限，野生牛肝菌资源经不起人们无休止的索取；随着城市扩张和环境破坏，自然产地的污染也在威胁食品安全。总之，将这种珍稀食用菌人工驯化，才能满足市场日益增长的需求。

但这绝非易事，绝大多数牛肝菌都是完全的外生菌根菌，需要特定的树木提供营养才能生长。它们不能降解木质素，也就无法像腐生菌一样利用培养基栽培。2007 年，云南热带作物研究所的纪开萍研究员开始探索黑牛肝菌的仿生栽培，将其接种在咖啡树、柚子树的根系，希望实现果、菌双收。遗憾的是，仿生栽培的产量并不稳定；而幸运的是，纪开萍意外发现黑牛肝菌这个特殊的品种具有一定腐生能力，有条件离开"宿主树"独立生长，也就有了人工驯化的可能。

○ 在现代化种植技术的推动下，培育黑牛肝菌的部分工序已经实现自动化，极大提高了生产效率和菌菇品质的稳定性。| P066 上图
○ 已经生长成熟的黑牛肝菌，会被送往车间由人工完成分拣。
　　| P066 下图

经过多年研发，宏臻已经实现周年工厂化栽培，黑牛肝菌育种、栽培、养菌、出菇的整个流程都能高度自动化地完成。在宏臻的培育车间里，为了方便机械操作，菌菇被栽植在玻璃瓶中，整齐地摆放在一层层床架上，静静等待丰收的喜悦。每一层床架可以产出 160 至 200 千克菌菇，仅黔西南州贞丰县一个厂区，就能日产鲜菇 8 到 9 吨。

古城里的新产业

2017 年，贞丰县通过招商引资引进了宏臻。高新技术成果的转化落地，给这座古老山城带来新的发展。历史上，贞丰曾是繁荣的商埠，这里毗连通往云南和贵阳的"官马大道"，又是北盘江通航的终点，坐享舟车之利，素有"小贵阳"的美誉。散落城中的两广会馆、两湖会馆等建筑，仿佛历史岁月的纪念碑，诉说着过往的辉煌。而今，当地良好的营商环境和对现代农业的高度重视，正在成就新的繁荣。宏臻生物投资贞丰以来，州县两级服务专班积极开展"贵人服务"，让投资者真切感受到贵州的热情与周到。

古人有一首竹枝词描述贞丰的自然条件："城中气候喜温和，冬不狐裘夏不罗。风景四时都略似，春衣秋袄过冬多。"这里是温和湿润的亚热带季风气候，年均气温 16.5° C，全年无霜期 333 天。但黑牛肝菌原产广西、云南和海南，喜爱更加温暖潮湿的生长环境。宏臻的车间门口设有电子屏，时刻监控着湿度、二氧化碳浓度、风量等参数，让整个生长过程模拟野外环境。

在贞丰设立生产基地，最有利的条件是这里丰

富的秸秆资源。黔西南州是薏仁米的重要产区，种植历史悠久。将薏仁秸秆代替木屑添加到栽培基质中，既能变废为宝，增加本地农民收入；又能减少红橡胶木、板栗木等阔叶杂木的消耗，降低原材料成本、保护生态环境。

黑牛肝菌栽培瓶的成分包括木片、秸秆、红壤、谷粒、米糠、石膏粉、微量元素和酵母浸膏等。每一瓶培养基接种菌种以后，都能生长出 50 到 100 个菇蕾，少的也有 20 到 30 个。但是单瓶培养基的营养，只能供一个子实体生长，所以黑牛肝菌不能像金针菇一样成簇培植，必须进行人工疏蕾。

纪开萍的研究团队曾对黑牛肝菌的酶系进行研究，发现它没有木质素酶、纤维素酶、半纤维素酶和漆酶，却含有较多的淀粉酶。因此黑牛肝菌自身没有分解木质素和纤维素的能力，不能充分利用培养基的营养。由于生物转化率较低，采收后留下的大量菌渣值得再次利用：这些菌渣可用于其他食用菌的二次生产，使用完的废弃菌渣发酵以后，还可以作为农作物的育肥基质，替代有机肥还田改良土壤，形成环保、闭环的经济体系。这是一个前景广阔的新方向，尚有很大潜力可以发掘。

黑牛肝菌工厂的员工大多来自贞丰本地，以女性居多。她们自古以勤劳著称，有《贞丰竹枝词》言："五更早起三更眠，仲妇辛勤亦可怜。井臼亲操中馈主，夜勤纺绩昼耕田。"女工何发丽是采收车间的一名组长，今年 28 岁的她有一双儿女。为了照顾家庭，何发丽不能远赴大城市打工。宏臻来到贞丰，让她得以就近照顾家庭。在何发丽看来，这份工作"离家又近又方便，赚到钱肯定是开心的"。大抵正如纪开萍研究员的感叹："人工培植牛肝菌，研究得越深入，越能感受到这是一个朝阳产业、绿色产业，是创造美丽生活的产业。"

征服世界食客的味蕾

传统的牛肝菌烹饪方式，以"爆炒牛肝菌""红油牛肝菌"最为经典，也可以清炖、油焖或者制成美味可口的"烤蘑菇什锦"。美食家汪曾祺回忆自己在西南联大的青春岁月，曾深情地怀念过它"色如牛肝，滑、嫩、鲜、香"的佳味，并且念叨"炒牛肝菌须多放蒜"的诀窍。除此之外，黑牛肝菌也适合制成酱料小菜。

从 2015 年开始，纪开萍将黑牛肝菌与野生黄牛肝菌杂交，用 3 年时间培育出新的黑牛肝菌品种。这一新品种大大减轻了菌菇的土腥味，烹饪后色似牛肝，品相出众，让食谱中新添了"凉拌鲜牛肝菌"的诱人美味。如今，以纪开萍本人作为品牌形象的"牛夫人"牛肝菌，已覆盖全国大部分城市。

2017 年 12 月，"牛夫人"牛肝菌获得出口备案认证，远销海外市场。西餐界对牛肝菌的喜爱犹胜国人。法国西南部是牛肝菌的传统产地，当地人简单使用奶油香煎，再撒少许盐和胡椒，就是一道美味，"煎蛋佐牛肝菌"更是法餐名菜。意大利人食用牛肝菌的记载可以远追罗马时代，"牛肝菌米饭配蔬菜""牛肝菌浓汤"都是出名的美食。

截至目前，黑牛肝菌在市场上依然供不应求，越来越多的食客品味过它的滑嫩鲜香，从此成为拥趸。随着技术和产业的发展，也许不远的将来，这道珍馐即将成为"不限量"的家常美味。

○ 热锅翻炒间，牛肝菌浓郁的香气得到充分释放，恰当的火候与调味保证了菌肉的软韧鲜香。 | P069

"贵人"食菌历

撰文 ✚ 赶尾人
插图 ✚ 刘明

千百年的共处，
让贵州人对当地的野生菌了如指掌。

一年四季，
不同食用菌粉墨登场，
贵州人也不辜负大自然的馈赠。

春

春季，是农人们忙碌的季节。
对于刚刚熬过冰天雪地的真菌而言，
敢于选择在这个季节出菇的，堪称勇士，
故而寥寥无几。

羊肚菌

身价不凡的羊肚菌，便是为数不多的春菌之一。作为珍贵的食用菌，大多数时候，它们会如人们想象，隐秘地生长于山林之中，难以被发现；但有时又戏谑般地出现于城市绿化带，甚至是潮湿的墙角、排水道边，与其昂贵身价有些格格不入。

通过观察菌盖颜色，我们可以将大多数羊肚菌分为黄色支系和黑色支系。黄色支系的羊肚菌依赖菌根供给营养的比例更高，需要共生的大树为其提供能量才能存活，故而难以栽培；而黑色支系的羊肚菌更偏向于腐生，只要探索出适合它们的营养、

环境条件，便可实现人工栽培。
如今，我国的菌物学家和农学家们已经选育出了多个栽培羊肚菌品系，使得平价的种植羊肚菌得以走入千家万户，让更多人能品尝到羊肚菌的鲜美脆嫩。

耳

同样不惧于在春季出菇的，还有各种各样的"耳"：黑木耳、毛木耳、银耳、金耳等。它们虽然都叫"耳"，但分属于不同家族，只是在演化进程中刚好选择了相似的繁殖策略。

木耳类的黑木耳和毛木耳，是我国种植食用菌的重要组成部分。木耳类喜欢生长在木头上，野生的产量很大，也易于被种植。贵州有适宜木耳生长的湿度、光照条件，这使得种植木耳对大棚的要求较低，同时能节约成本，是帮助山区人民脱贫致富的好途径。黑木耳吃起来软嫩鲜香，毛木耳则爽脆可口，本味的平和使它们在各个菜系中都不会喧宾夺主，因此征服了天南地北的餐桌。

相比于木耳类的亲民，银耳类在被成功种植之前，可是实实在在的奢侈品。虽然银耳和木耳一样长在腐木上，但其获取营养的方式完全不同——银耳几乎没有分解木质素的能力，必须与炭团菌科的特定物种伴生，通过刺激伴生菌加速分解木头，从伴生菌处获取养料。也正是因为其营养方式的复杂性，银耳的栽培之路要比木耳坎坷得多。同为银耳目的金耳，更是直到1982年才成功被驯化。现在，银耳和金耳已被广泛种植，成为市场上大家司空见惯的食材。

夏

进入夏季，气温升高、雨水丰沛，
植物的光合作用、昆虫的活动都进入高峰期，
真菌的菌丝也不例外。
大量的共生菌、寄生菌集中选择在这个时节出菇，
散播孢子，既能保证后代存活率，
又避免了长时间储存营养带来的不确定性。

红托竹荪

夏季是红托竹荪的季节，翠绿竹林中，常见到红托竹荪悄悄冒了头。菌蕾绽放后，菌柱迅速长高，待顶端开出伞状菌盖后，下方的白纱裙就张开了，远远望向竹林中，就像是林间仙子悄然起舞。

红托竹荪的气味是少有的清香，总能让人联想起它所居住的清雅碧竹。菌裙、菌盖、菌柄的口感各有千秋，菌裙丝缕绵密，菌盖厚实爽口，菌柄脆嫩。在贵州当地，人们常用其与鸡鸭一同炖煮，或作为火锅中的重要食材。红托竹荪作为贵州省特色食用菌，如今已是贵州的一张亮丽名片。

鸡枞

初夏的雨后，鸡枞也开始冒出地面。相比植物共生菌的繁杂种类，与昆虫共生的大型真菌算得上凤毛麟角，其中，鸡枞便是昆虫共生菌中最惹眼的一类。

鸡枞是与特定类群的土白蚁共生的真菌，通过与蚁巢中的多种真菌共同协作，消化白蚁带回巢穴的营养物质，再长出菌球，供白蚁食用。

但入夏之后，鸡枞便不满足于充当白蚁"农作物"的角色。一朵朵肥美的鸡枞子实体在白蚁巢穴中形成，待到湿度合适时，便开始发力，冲破被浸软的土层，重见天日，将自己的孢子洒向远方。幸运的话，它的孢子会被另一群白蚁带回蚁巢，完成基因交流。那些冒出地面的鸡枞，将凭借扎实的口感和鲜美的味道，俘获无数人的味蕾。为了长时间保存鸡枞的鲜美，先民们研究出炸干后油封保存的方法，成就了"油鸡枞"这道广为流传的经典风味。

秋

入秋以后，随着气温下降，
乳菇、红菇、枝瑚菌等高温菌逐渐沉寂，
取而代之的是
马桑菌、鹿茸菇、紫丁香蘑
这类更喜欢凉爽季节的菌子。

经过夏季的洗礼，
森林地面增加了不少有机质，
腐生真菌有了更丰盛的食物；
气温的下降也降低了细菌的活性，
腐生的真菌此时更具竞争力。

马桑菌（香菇）

马桑菌，别名"五里香"，是贵州黔中、黔北山区马桑树上的野生香菇，也是黔山中的特色品种。它的鲜香脆嫩不仅受到当地老百姓的喜爱，还俘获了外地游客的味蕾。很多外地游客在前往黔北地区避暑度假时，也被这种神奇蘑菇的鲜香味吸引，离开时常常是满载而归。

马桑菌不是香菇中最好看的品种，却是香菇中最香的品种。它不像市场上一般香菇那样敦实，生得婀娜多姿。在生长初期，马桑菌就大方地展示出菌盖，像是迫不及待地打量着这个世界。

鹿茸菇

学名荷叶离褶伞，作为与鸡枞同科的亲戚，在味道和口感上都与鸡枞有几分神似。但最根本的不同是：荷叶离褶伞可以很方便地进行人工栽培。野外的荷叶离褶伞乍看起来很像平菇，为了打造差异化，也为了方便运输，育种专家们专门选育出菌柄粗壮而菌盖很小的品种，冠以"鹿茸菇"的美名。因其独特的甘甜爽脆，很快被大家所接受，融入我们的日常饮食。

冬

冬季到来，贵州的森林中，出现了不少既熟悉又陌生的面孔。
金针菇、冬荪、平菇等一系列专门在低温季节生长的真菌，
此时开始在森林中陆续出现。

冬小包脚菇

冬小包脚菇是一种可食用大型真菌，又叫冬草菇、低温草菇。我们在市场上常见到的草菇是生长在 40℃以上环境中的高温型草菇，而冬小包脚菇却是一种低温草菇，生长在 0—25℃的低温环境。

冬小包脚菇是由贵州科学院生物研究所何绍昌研究员在 1987 年发现的，2023 年，李鹏副研究员实现了它的人工栽培。未来，冬小包脚菇作为鲜美脆嫩的草菇家族一员，会越来越多地出现在食客们的冬季餐桌上，成为寒冬腊月中一道让人期待的美味。

冬荪

冬季的林地地面，有时会长出一根根形状奇特、如同倒插毛笔一样的菌，这便是冬荪。喜爱吃竹荪的朋友可能会发现，冬荪与竹荪长得十分相似，就是缺个"裙子"，因此常被当地人比作王子和公主。经过菌物学家的解剖研究，冬荪实际上也有"裙子"，只是没有发育完全，被藏在了菌盖底下。

冬荪以往被分类学家认为是欧洲的白鬼笔，后来通过分子手段发现，冬荪是我国的特有物种，于是给它起了一个中国特色的拉丁学名：*Phallus dongsun*，种加词便是"冬荪"的拼音。冬荪和多数竹荪一样，实现了人工栽培，它们再也不是古代那般千金难求的珍贵食材，而成了普通人在超市中能方便买到的一口清香脆嫩。

○ 贵州积极推广"稻菌轮作"的耕作模式，菌类和水稻交替种植，充分利用土地资源，提高生产效率，推动当地农业绿色发展。

贵州山林间藏匿着令人垂涎的美味，当地人更深谙不同时节中这片土地的惊喜。近年来，红托竹荪、冬荪、黑牛肝菌等"山珍"们开始突破地域限制，走上世界各地的餐桌，成就了新时代的美味佳话。

没有贵州
种不出的蘑菇

从野生到
人工:
黔菌裂变术

撰文 ✚ 张小英

贵州作为菌子王国,拥有极为丰富的野生菌资源,贵州野生食用菌种类占全国八成以上。即便如此,在过去的漫长岁月中,它们作为珍品却鲜为人知,绝大多数人难以享有此口福,更不用说走进千家万户了。

2016 年,贵州省开始将食用菌作为重点支持产业。那些隐居深山的野生菌,陆续被科研工作者们发现、采集、驯化,更有一些"幸运儿"被"迁居"至工厂智能化的菇房里。局面自此开始转变,短短几年时间,贵州食用菌开始走向全国各地的餐桌,俘获天南地北食客们的芳心。更在全国食用菌产业中占据一席之地,迈入前十阵列。

从弱到强,贵州的食用菌产业历经了什么,又是如何实现裂变式发展的呢?

从本土特有菌子开始

贵州省生物研究所副所长向准是土生土长的贵州人,从小吃菌,资深饕客。

他大学学的是化学专业,曾在昆明植物研究所工作。有一次,做实验的过程中,他突发奇想:全球最顶级的蘑菇,像松茸、鸡油菌之类都必须和树木共生。难不成树木给它们提供了特殊的化合物?那我们能否找到这种化合物,为人工菌种培育提供一条捷径呢?

为了找到答案，向准决定从自己最爱吃的紫花菌，也就是松乳菇下手。他从紫花菌生长的土壤和附近的马尾松树根中分离了一些化合物，制作出菌种、菌棒，并放入培养箱。几个月过去了，一朵紫花菌也没有长出来。反复琢磨之后，向准恍然大悟："促成菌子生长的原因多种多样，化学成分只是其中一环。"

向准求知欲很强，想解开更多"环"。于是，他越挫越勇，开始把大量时间和精力放在研究食用菌上，越陷越深，"快把自己老本行忘了"。

后来，向准回到家乡贵阳工作，成为贵州省生物研究所的一名科研人员。贵州省生物研究所的微生物室，前身是1979年成立的真菌研究室，是当地最早的微生物研究室，汇集了一大批食用菌专家，科研氛围浓厚。

向准时不时向研究室的老前辈请教，跟他们一起爬山，做野生菌资源调查、保育工作，天长日久，不知不觉就"转了行"。

食用菌产业被视为前景广阔的"绿色矿藏"。用中国工程院院士李玉的话来说，就是"不与人争粮，不与粮争地，不与地争肥，不与农争时，不与其他作物争资源"，堪称无欲无求、甘于奉献的"天使"物种。

地处云贵高原腹地的贵州"地无三尺平，天无三日晴"，但孕育出丰富多样的野生食用菌。2016年，在我国食用菌产业"东菇西进""南菇北移"的背景下，贵州省抓住了历史机遇，不断强化自身优势，大力发展起食用菌产业。

如何开始？向准记得："起初，大家心里都没底，只能摸着石头过河。"

"摸"的第一块石头，就是盘算清楚自己的"家底"。贵州动员全省食用菌专家开展省级菌物资源普查，省、市、县都成立了食用菌专班，各级联动，各部门配合。向准就是省食用菌专班专家成员之一，从那时候起，上山下乡，步履不停。

没有经验可循、无样板可依，碰壁是难免的。让向准印象深刻的是，"第一次培植羊肚菌，我们把栽培地点选在几亩草地里，结果长出来的羊肚菌又小又细。调研后才发现，适合羊肚菌生长的土质一般为沙碱性或略偏碱性，土质碱性一旦太重，就不适合羊肚菌生长。"

向准吸取了这次失误的教训，把羊肚菌生长需要的条件逐一排查，最终筛选出个体大、品质佳的羊肚菌制作菌种。接着，他把这些菌种赠给农户，并传授他们正确的种植方法和经验。"看到农户的羊肚菌出菇，比发论文还高兴。"

起步晚、底子薄，贵州食用菌产业怎样突围？

省农业科学院农作物品种资源研究所副所长朱国胜提出的战略是——人无我有，人有我优。他认为，食用菌产业发展要因地制宜，发挥本地优势。比如，红托竹荪、冬荪、松乳菇等都是贵州特色珍稀食用菌种，"我们一定要把它们做特做精，做强做大"。

"做强"的关键，离不开现代农业的芯片——种子。

在大方县挂职期间，朱国胜通过多次调查发现，"早期，我们的种植散户和企业都是外购菌种，成

○向准正在全神贯注地观察菌菇标本，严谨治学的科研精神帮助他不断攻克难关。| P076

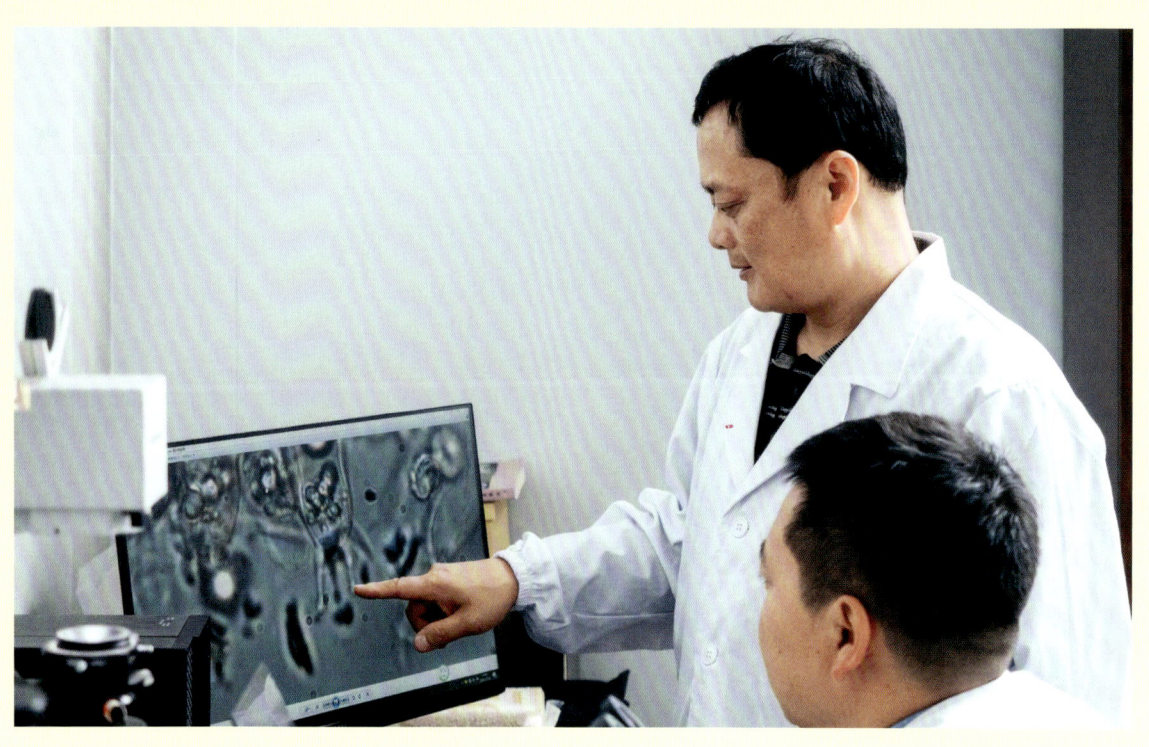

本太高、利润太低，容易导致市场上菌种混乱，产品质量难以把控。"

为此，朱国胜带领省农业科学院食用菌研究团队，在大方县周边的大山上遍地采集野生菌，连续多年筛选优良种源，并着手研发配套繁育和栽培技术。

功夫不负有心人。团队筛选的一些优良种源获得成功，朱国胜举例说，红托竹荪过去从种到收需要18个月，生长周期长，产量不稳定。在团队的科研攻关下，生长周期被压缩至6个月，更降低了生产成本。

成功后，朱国胜没松劲儿。他主导贵州省农业科学院利用科研优势，与省内外十余家科研院所形成种源大协作、与36家企业建立菌种菌棒保供大协作，建立起贵州省食用菌菌种保供体系。

此外，贵州省的相关部门也制定出台菌种保供、菌材林基地建设等配套规划，将品种认定制度首次纳入地方性法规。

"但是，打通科研成果转化最后一公里的，是老百姓的认可。"朱国胜直言，"科研成果再多再好，没让老百姓受益，都是白搭。"

让他倍感欣慰的是，目前，省农业科学院团队选育出的天麻高亲和性蜜环菌46号，已在全国天麻主产区推广应用；选育出的红托竹荪和冬荪优良菌株6个，已累计推广应用10余万亩。

"一朵香菇也要筛选好几年"

到铜仁职业技术学院采访顾昌华教授时，她正在食用菌大棚里与学生们一起采香菇。

她拿着一枚菌棒说："你们看，这些香菇大小不一，还要再筛选几年才能推广种植。从野生菌到人工菌，可不像'搬一次家'那么简单，要经过不断驯化，才能选出稳定的菌株……"

顾昌华顺手从菌棒上摘下几朵香菇，一一掰开，递到我们手上说："闻一闻，是不是比市场上买的要香很多？"我小心翼翼地拿起手中的香菇，圆润、厚实的伞盖，摸起来软软的，轻轻一嗅，淡淡的香气像雨后山林里弥漫的味道。见我沉醉其中，顾昌华笑着说："这些都是来自梵净山的野生香菇，有它独特的香味。"

位于铜仁地区的梵净山是武陵山脉的主峰，历史悠久的佛教名山。但鲜为人知的是，它也是地球同纬度上生物种群多样性最完好的"亚热带生态王国"。

顾昌华是铜仁德江人，又是食用菌专家，在她看来，这些丰富的本土资源是命运赐给她的无价之宝。作为一名老师，她把这些"无价之宝"分享给自己的学生。2009年，她在学校开设了一门特色课程——梵净山野生菌种的开发和利用。但在上课过程中，她意识到，一些学生对梵净山和野生菌的认识只停留在课本上。

于是，顾昌华把课堂搬进了梵净山。2013年开始，每年春秋两季，她都会带领学院"食用菌菌种繁育技术服务团队"深入梵净山腹地，亲眼见识、亲手采集野生菌。

她有风湿性关节炎，梵净山海拔高、地况复杂，每一次跋山涉水对她而言都是挑战。提及此事，她

○ 朱国胜和同事们正在分析显微图像中的信息，通过对生物微观结构进行细致观察和分析，科研人员可以制定出更为科学合理的种植方案。 | P078 上图

○ 顾昌华教授在学校的教学大棚中与学生交流菌菇生长状态，通过这种实地考察和一线专家经验传授的教育方式，食用菌培育技术方能薪火相传，不断发展。 | P078 下图

总摆摆手说："菌种是资源保护和利用的基础，只要能让学生们认识到它们的重要性，利用好这些资源，这点儿辛苦算什么。"

几年来，顾昌华和团队已经收集梵净山野生菌标本90多种，浸泡野生菌标本200多瓶。在她的推动下，学校建立了集教学、科研、服务于一体的食用菌菌种繁育、生产示范基地，并建立了梵净山食药用菌标本馆。但那些来自梵净山的野生菌，并不只是躺在标本馆的瓶瓶罐罐里。

2016年，贵州省决定将食用菌作为脱贫攻坚的主要抓手，鼓励广大农户种植食用菌。顾昌华被聘为铜仁市食用菌产业首席专家，她深感幸运，"把优良的新品种推广下去，就能帮助家乡的父老乡亲。"

此后，顾昌华带领科研团队，在食用菌良种引进、选育、驯化等方面开展了大量研究。最终，她和团队筛选出十几种适宜铜仁栽培的香菇、平菇、羊肚菌等优良菌株。

良种要用良法。顾昌华把这些优良菌株推广给当地菇农后，手把手教他们如何种植。"不管刮风下雨，只要打求助电话，她就很快过来指导。"一位万山区大坪乡苏湾村的村民感激地说，"她就是我们的'菇仙姑'！"

"哪里有什么'菇仙姑'，"顾昌华笑着说，"我只是一名普普通通的人民教师。"这位"普通"教师从教三十七年来，已经培养了一批又一批"蘑菇人才"。

秦盛江就是她的得意门生之一。上学期间，他出于对食用菌的浓厚兴趣，和一段时间的商业观察，与同学一起成立了贵梵农业科技有限责任公司，入驻"校中场"，一边跟老师做科研项目，一边把科研成果用于企业生产。

"经过几年的发展，企业效益目前还不错。"秦盛江对未来信心十足，最近他又招兵买马，几名师弟师妹已加入公司做实习生。

"算是传帮带。当年，顾老师和师兄师姐就是这么带我的。"秦盛江的人生哲学很简单，"就是把这份热爱一直传递下去！"

跻身"国家队"

说起在贵州的经历，中国农业科学院农业资源与农业区划研究所研究员张瑞颖至今心有余悸。

那是2021年，中共中央组织部、共青团中央组建"食用菌博士团"，赴贵州开展为期两年的"组团式"帮扶。张瑞颖是博士团成员之一，当年9月的一天，他和几位同事坐车去台江县调研，返回途中，汽车突然在山路的弯道处发生车祸。"如果车子再往前或者后退一步，我们一车人估计都掉下悬崖去了。"万幸，车上的人都平安。张瑞颖的两肋与小腿受伤，肌肉撕裂。

回县医院包扎好伤口后，张瑞颖又连夜整理白天的调研资料。问他为什么这么拼，他开玩笑说："捡回一条命，不能浪费了。"第二天，他照例参加台江县食用菌产业发展大会，和相关部门分析、总结当地现状和"卡脖子"难题。

羊肚菌是一种名贵食用菌。20世纪末，美国突破了羊肚菌室内周年化商品栽培难题。21世纪初，我国也成功实现羊肚菌人工栽培。但这些年来，羊肚菌"一年好一年差"的连作障碍，始终困扰着千万菇农。

为此，张瑞颖决定与"博士团"一起，结合科研院校和农业单位技术骨干的优势力量，尝试攻关这一难题。"我们发明了一种方法，在贵州的两块

试验田里，先加入石灰氮、棉隆或威百亩等药剂，然后再种羊肚菌。"他没想到，竟然成功了，"连作3年，两块试验田的产量都明显提高。"

欣慰之余，张瑞颖在调研中深刻体会到，贵州食用菌产业与全国相比，还有很多短板。比如，菌材依赖外省、特色单品少、产业链条短等。"既然来帮扶，就得想办法搭把手。"张瑞颖说。

赤水市人以竹为居、以竹为业，在生产竹制品过程中产生大量边角料。张瑞颖灵光一现，竹子粉末可以制作菌棒呀！这样不仅给竹产业增加效益，还能提高菌材自给率，降低生产成本，一举多得。

学而致知，行而致远。张瑞颖用多年的科研经验，指导贵州食用菌产业发展。他还积极与农业农村部、国家食用菌产业技术体系首席科学家汇报沟

通，在贵州省农科院土壤肥料研究所建立了国家食用菌产业技术体系黔东南综合试验站。这是贵州首个国家食用菌产业技术体系综合试验站。除此之外，张瑞颖还协助整合贵州省农业科学院的食用菌种质资源，筹建国家微生物种质资源保藏分中心。他相信："跻身'国家队'，对标全国乃至世界，贵州绝对有实力。"

○ 顾昌华研究团队通过大量的实验，筛选出适宜当地栽培的优良
　香菇品种。 | P081 左图
○ 张瑞颖在台江县为农业基地提供香菇栽培技术指导。 | P081 右图

大山里的
蘑菇
"梦工厂"

撰文 ✿ 张小英

"春秋忙两季，天冷闲半年。"过去，这是大多数农民的生活写照。如今，贵州的食用菌产业却能四季生产、全年上市，即便是寒冷的冬季，贵州诸多地区的大棚内，也能看到朵朵菌菇错落有致，村民们穿梭其间的忙碌景象。

从"穷山沟"到全国食用菌生产大省，一个行业的落地生根，少不了砥砺前行的开拓者。招商引资、研发良种、引进先进设备、提升技术、开拓市场、完善产业链上下游环节……他们攻克下无数难啃的"硬骨头"，锻造出一家家引以为傲的贵州本土企业。

农投菌业：
百里挑一白参菌

马布平是 90 后姑娘，手机相册里全是野生菌，白的、粉的、绿的、黄的……五彩斑斓。

她本科在云南农业大学读植物学专业，却对菌子情有独钟。上学期间，她不是去山上采菌子，就是在实验室里研究菌子。若问为什么，她会喃喃地说："菌子不会说话，但是你对它好，它就长得很漂亮，你对它不好，它就'摆烂'气你。"

付出才会有回报，而菌子从来没有辜负马布平的付出。从研二开始，她就在昆明一家食用菌企业实习，代表公司参加几次全国大赛都拿了奖。她在核心期刊发了 10 多篇论文，主持认定了 2 个菌种，有 11 项专利，科研成果颇丰。硕士一毕业，就被实习的公司高薪聘用，成为技术骨干。

2020 年前后，地处贵州西北部的大方县通过招商引资，引进毕节市农投菌业科技有限责任公司。"当时，我们想选一个与众不同的菌种，就去云南、四川、湖北、福建等很多地方调研，发现白参菌在市场上比较少见。"公司负责人李尽平说，"大方县平均海拔高，有 1400 米左右，冬无严寒，夏无酷暑，非常适宜白参菌生长。"

白参菌又名裂褶菌，是一种食药兼用的珍稀菌种。其口感细软，味道鲜美有营养。日本自 20 世纪 80 年代起就提取白参菌多糖用于临床治疗。

很巧，马布平的毕业论文就以白参菌为研究对象，后来她主持研发的两个白参菌品种通过了云南省种子站鉴定。再加上她是贵州遵义人，种种机缘巧合，2020 年，马布平通过毕节市脱贫攻坚人才引进，加入农投菌业，成为公司副总经理、技术总监。

"刚来的时候，这里还是空地。"马布平指着园区的一排排厂房说，"这边是菌棒自动化生产车间，那边是接种车间、养菌车间，每个车间门口都有综合管理数据库，能查看各个车间实时画面，检测菌菇房里温度、湿度、光照、二氧化碳浓度等变化……现在，我们是全国唯一一家白参菌工厂化生产基地。"

白参菌从实现人工驯化到工厂化生产并不容易。20 世纪 90 年代以来，在国内外食用菌专家的潜心研究下，野生白参菌被成功驯化。由于它对气候、地形要求高，很长一段时间以来，白参菌生产以季节性农户栽培为主，产量少，个头小，分布散。为了找到适宜在大方地区工厂化栽培的菌株，马布平和公司的科研团队进行了无数次实验。

"一次雨后，我们在山上采到很多野生白参菌，送到附近的农家乐做菜吃，结果发现它们不仅外形好看，层层叠叠，而且香味浓郁，口感清甜。"

经过杂交育种 300 多个品种，马布平和团队终于筛选出适宜冬季大规模栽培的白参菌品种。"我们自主培育的白参菌朵型高度一致、肉质肥厚，同时栽培周期短，只要 18 天就能出菇。"

目前，工厂日产白参菌 20 吨，年产 7200 吨，在云南已达到 90% 的市场占有率，在川渝、上海、粤港澳大湾区等地也备受青睐。马布平立下小目标："我们要坐白参菌工厂化生产的'头把交椅'。"

○ 马布平每日的工作内容之一，就是巡视工厂内出菇房的状态。| P 082

○ 白参菌表面长有一层灰白色的绒毛，摸起来毛茸茸的，吃起来口感清脆略有韧性。| P 083

贵福菌业：
千锤百炼鹿茸菇

在食用菌这一行摸爬滚打七八年，贵福菌业发展有限公司副总经理陈登群直称自己还只是"门外汉"，"里面的学问太多了、太深了。"

陈登群是福建福州人。他从江南大学法学院毕业后，做过企业管理、项目经理、房地产开发商，很能"折腾"。

2017 年，铜仁市玉屏侗族自治县招商引资，贵福菌业落户当地飞凤产业园。"公司董事长兼总经理李敬和我是福建老乡，他邀请我加入团队，一起搞食用菌。"陈登群没有多想，欣然应允。

到贵州以后，时年 51 岁的陈登群才发现，"做农业没有想象的那么简单，尤其食用菌是一个专业性很强的行业，需要从零开始学。"他找来很多相关专著，硬着头皮"啃"，跟着公司的技术人员加班加点"补课"。

起初，贵福菌业利用"中国油茶之乡"玉屏的丰富油茶资源，种植茶树菇。"但茶树菇的生产门槛较低，市场饱和，相互之间打价格战，对企业很不利。"陈登群和企业团队经过不断走访调研，看到了鹿茸菇的潜力。

鹿茸菇被称为"菌中贵妃"，是一种食药兼用珍稀菌。"由于鹿茸菇的菌丝发菌较慢、成活较迟，容易发生有害菌污染，所以相比金针菇、杏鲍菇等工厂化生产门槛更高。"陈登群认为，"这意味着市场潜力更大"。

但问题是，中国工厂化生产的鹿茸菇品种大都来自日本。"日本的菌株生物转化率只有 90%，而且生产几代之后，其生物转化率会越来越低。"为攻克这一技术难点，贵福菌业与贵州科学院、国家食用菌品种改良中心三明基地、福建省农科院等科研机构合作，对引进品种进行本地驯化。

"我们建了十几间试验出菇房。一方面，根据

不同温度、湿度、二氧化碳浓度、光线调节下出菇情况，总结出最适宜育蕾的温、光、水汽等标准，提高有机转化率，达到品质最优，产量最大化。另一方面，挑选出最适宜玉屏气候、土壤条件的食药用菌菌种。"陈登群用四个字来总结这一路的"长途跋涉"——千锤百炼。这对一家企业来说并不容易。陈登群感慨："做农业和其他截然不同，需要有情怀，才能一点一滴、沉下来慢慢做。"

经过两年多锤炼，贵福菌业和科研团队研发的鹿茸菇品种生物转化率已达到 99% 以上，而且非常稳定。目前，公司的厂房内共有 110 个车间，每个车间有 1.6 万棒鹿茸菇，可实现全年生产。

除了鹿茸菇，贵福菌业共研发出 20 余个适合贵州的食用菌品种，包括 8 个珍稀食用菌品种。陈

登群介绍说，公司已建成年产 3000 万棒菌棒、日产 30 吨食用菌的生产线，成为贵州食用菌现代化建设的标杆企业之一。

企业的发展壮大，也给当地带来了很多变化。陈登群说："我刚来时公司门外只有四五辆小轿车。现在，围着公司一圈都停满了私家车！"

○ 陈登群每日都要进入车间检查菌菇生长状态。│ P084
○ 鹿茸菇形似幼小的鹿角，它含有丰富的蛋白质、维生素和其他营养成分。│ P085

贵旺生物：
杏鲍菇"大手笔"

在贵州，有句老话叫"务正道，吓一跳"。意思是说，武陵山连片特困地区的务川、正安、道真这三个县穷，去不得。有敏锐商业嗅觉的张和贵却不以为然。

2016年，道真县脱贫攻坚战全面打响，县委县政府因地制宜，确立"菜县菇乡"农业产业发展定位，全面招商引资。张和贵到道真县考察几日后，当年底，就决定在道真注册成立贵州贵旺生物科技有限公司。

张和贵是福建寿宁人，从1993年开始，一直专研食用菌研发、种植、栽培、加工和销售。在他看来，"道真山地多，气候湿润，无工业污染，适合食用菌生长"。除此之外，这里与重庆多地接壤，历来为川黔边区通道，靠近两广、两湖等大市场，尤其是人口稠密、经济相对发达的东南沿海地区，市场潜力巨大。

张和贵入驻道真前，已和杏鲍菇打了多年交道。杏鲍菇号称"平菇王"，味道鲜美，物美价廉，在市场上备受青睐，是工厂化食用菌的首选品种。他利用"天时地利人和"，把道真的山坳荒地打造成集研发、栽培、技术培训、加工、配送及产品销售为一体的现代高科技食用菌工厂化企业。

几年来，贵旺公司投入大手笔，共建成4条杏鲍菇生产线，年产杏鲍菇4.2万吨，产品销往成都、重庆、贵阳、广州等大中城市，完成年产值近3亿元。

道真产业基础薄弱，曾有1.32万建档立卡贫困人口分散在崇山峻岭之间。

张和贵在招收工人时，坚持"三优先"原则，即"易地搬迁安置户优先、建档立卡贫困户优先、失地农民优先"的原则，把食用菌生产车间做成"扶贫车间"，让易地搬迁贫困户在家门口就业。

2017年，因道真食用菌产业基础薄弱、支撑

能力不强。张和贵把曾经的合作伙伴高树满介绍到了道真。高树满是河北平泉人，从 1995 年就开始种香菇、销售香菇，也是食用菌行业的一名"老兵"。

"来到道真后，我发现这里环境、气候都比北方好，能一年四季出菇。"于是，高树满毅然把香菇带到了道真，与张和贵合作组建贵州同辉食用菌发展有限公司。

同辉通过企业、合作社、产业园合作，采取集中制棒、订单种植、保底回收，让农民不花钱就能种菇。"一开始，很多农民不相信、不愿意种，现在都抢着种。"高树满说，"只有让农民挣钱，企业才能发展。"目前，企业年制棒达 6000 万棒，辐射带动全县 11 个乡镇 800 多户农户从事食用菌种植生产。

如今，两家企业成为带动当地经济发展的"火车头"。塑料框、包装箱、胶带等关联企业纷纷入驻道真，已形成与关联企业、服务行业联产联动的发展格局。谈及未来，张和贵信心满满，"我们的上玉工业园区食用菌农业现代化产业园建成后，将成为省内及西南区域规模最大的食用菌全产业链集群。"

○ 培育的菌菇长得好，是张和贵最喜悦的事情。 | P086
○ 杏鲍菇的菌棒被整齐排列在出菇房中的一排排架子上，像是从墙壁中长出来的。 | P087

贵州
四季无闲田

撰文 ✿ 张小英

贵州是全国唯一没有平原支撑的省份。山脉绵延起伏，江河穿行而过。山河交错间，小小盆地或台地零星点缀其中，当地人将其称为"坝子"。

山多，坝子少，云雾多，日照寡，这样的环境不利于大多数农作物生长。但勤劳聪慧的贵州人没有听天由命。他们一田多用，稻菌轮作；他们向山要地，在林下套种食用菌；他们甚至把蘑菇种在溶洞、废弃的矿洞里……

稻菌轮作　一田多收

自梵净山脚下，驱车西行二十余千米至印江县合水镇，这里宛如陶渊明笔下的桃花源，眼前豁然开朗，"土地平旷，屋舍俨然，有良田、美池、桑竹之属"。源自梵净山西麓的长滩河与滔滔印江河在此相汇，是为合水镇。河水不断冲刷，泥沙堆积，成就贵州高原上鲜有的"鱼米之乡"。

水乡多稻。每到秋季，合水镇兴旺坝上的数百亩金色稻田稻浪飘香。家家户户趁着晴朗天气，开镰抢收，好一阵忙活，歇下来仔细一盘算：春种秋收，翻田、栽秧、收稻子，一年忙七个月，钱到手里几乎没多少，收成好坏全靠"天长眼"。

能不能把冬闲用起来，再收一茬儿？合水镇的

地方企业、集体合作社和村里的"土专家"们开会合计，四处调研，摸索了一段时间，蹚出一田多用的好路子——稻菌轮作。农民先把土地规模流转，让巴掌大的小田聚成大坝子，再把晚熟稻换成早熟稻，压缩占用土地时间。这样一来，收完水稻，开始秸秆还田，接着就能钉地插、拉地丝，最后摆上木耳菌棒。

一个半月后，稻田里一排排菌棒在山泉水的滋养下，朵朵黑木耳争相"绽放"。村里的男女老少拎着竹筐，来回穿梭在田埂间，一筐又一筐，一茬儿接一茬儿，采收木耳能持续到次年春天。春种时节，木耳棒的废渣又化作春泥，滋养水稻。

稻菌轮作，一田多收，这样的场景如今在贵州的坝子上随处可见。黔西市的钟山镇、六盘水的木

岗镇……村民们收完稻子，会在田地里搭起简易大棚，再种一轮羊肚菌。清明前后，采收羊肚菌，接着又种下水稻，如此循环往复，贵州人竟能把这一分良田用到极致！

林下种菌　吃山养山

即使没有一分田，贵州人也不会轻言放弃。

大方县羊场镇新田村，山高，林密。生活在此的村民，开门只见山。过去，要想生存下去，只能在山上开荒，种玉米、马铃薯，可谓"开荒开到天，种地种到边；春种一大坡，秋收一小箩"，日子过得极为清苦。

这几年，村民把目光聚焦山林，在林下土地上种植冬荪。冬荪是珍稀食药用菌，适合生长于海拔 1000 米以上的高山。它对生存环境要求苛刻，出菇气温不能高于 20℃，湿度不能低于 85%。新田村的座座高山，虽然种庄稼不灵，却极适宜冬荪的生长。

夏季，村民们在半阴半阳的灌木丛中、坡度较缓的开阔地带种上冬荪。没过多久，濡湿的草丛中，就会出现一窝窝鸟蛋似的菌蕾，俗称"冬荪蛋"。晚秋时节，阳光透过密林，洒落在林间土地上。倏忽之间，"冬荪蛋"破壳开裂，尖尖的"黑脑袋"顶起枯黄的落叶，白色的菌柄迅速弹开、伸展。

冬荪从菌蕾破壳开伞到子实体完全长成，只需要几个小时的时间。如果不及时采摘，这些娇贵的山珍就会腐烂在田地里。采摘者要把握时机，追赶冬荪的最佳年华。70 多岁的牟大爷掐指算着时间，天还未亮，他就背起竹篓，一头扎进林子里。他用竹竿拨开草丛，手掌大小的冬荪在晨曦中泛着微光。上前一步，用手轻轻摘下，丢进背篓里，接着寻找下一个目标……

他的手脚一刻不停，半天的功夫，就能采满满一篓冬荪，有六七十斤。这些冬荪压在肩头很沉，牟大爷心里却踏实，笑着说："种一次管三年，背回家去用水洗洗，接着烘干，一年能卖个万八千，荒山闲地变成咱的'聚宝盆'哩！"

废弃矿洞　变身菇房

山珍并不都生长在树林里。在距离铜仁市十余千米的古村落——路腊村，人们把菌子种在废弃的矿洞里。

走进矿洞，灯光明亮，一排排竹架上摆放了数万袋香菇菌棒。一朵朵体肥肉厚的香菇风姿绰约。矿洞狭长，越往里走，菇香味儿愈浓郁。当地的农户在竹架间来回采摘，欢声笑语在矿洞中久久回荡。

○ 梵净山脚下的合水镇中，当地居民会在农闲时在田里安置菌棒，种植木耳，充分体现食用菌"不与粮争地、不与地争肥、不与农争时"的优势。｜ P 088

○ 牟大爷和老伴总是一起下田，采摘冬荪的过程就像是寻找宝藏，不一会儿便能收获满满。｜ P 090

三十多年前，这里原本是一处汞矿。路腊村盛产汞，曾一度因有着古老丰富的汞矿资源为世人所瞩目。新中国成立以后，此地聚集了众多的探矿、采矿大军，热闹非凡。而随着常年开采，资源逐渐枯竭，当地汞矿于 20 世纪 90 年代相继停采，只余下处处遗迹诉说着昔日的辉煌。

穷则思变。近年来，在贵州食用菌产业发展大潮中，当地打起这些废弃矿洞主意——矿洞内阴暗潮湿，一年四季恒温、恒湿，正是食用菌生长的乐

○ 在矿洞、溶洞中种蘑菇，已经成了贵州的一道风景线。
  | P 092
○ 矿洞为平菇提供了恒温恒湿的生长环境，甚至可以实现反季节种植。 | P 093

园。地方政府请来地质勘察队、食用菌专家，多次实地考察、评审和分析，大家一致得出结论——完全可行。

于是，当地村集体合作社盘活三个矿洞巷道，组织人力清理改造，添置照明及安防设备，增加蓄水、排灌的水池、水窖和沟渠，带动周边上千户村民种菇。利用矿洞，既省去了搭建菇房的费用，又能实现四季出菇，一本多利。

和矿洞类似的，还有天然溶洞。贵州号称"世界溶洞博物馆"，喀斯特岩溶地貌发育非常典型，奇洞异窟星罗棋布。人们把食用菌种在溶洞里，冬暖夏凉，且病虫害少，长出的菌子鲜嫩爽口，肥厚香脆。

因地制宜，果真是贵州人耕耘的最高法则。

○ 田埂间的冬荪蛋就像一窝窝鸟蛋，藏在厚厚的枯叶下，等待破壳而出的那一刻。

一道国宴名菜竹荪芙蓉汤就让人浮想联翩，菇农们收获的菌子，送到广东、云南以及日本、澳大利亚等国内外市场后，被各地食客演绎出经典的美味篇章。那么在贵州，菌子又能变幻出多少种美味呢？

○ 通过微距摄影拍摄的白参菌，层层菌褶状似海浪，白参菌气味清香，营养丰富，是珍稀的食药两用菌。

给蘑菇风味鲜美出山。④

食菌山林：贵阳人的野趣生活

撰文 ✚ 黄崇崇

阳春三月是马尾松开花的时节，花粉自带气囊，借助风力扶摇直上，将黄色粉末撒遍贵州土地，是它迎接春天的仪式。它悄然落下，化作一层昏黄"薄雾"笼罩整个贵阳。如果我们从高空俯瞰，就会发现，贵阳作为全国首个国家级森林城市，正被成片的环城林带所包围，马尾松、杉木和华山松傲然挺立，郁郁葱葱。

热爱菌子的食客，能从中捕捉到别样信号。松木交错生长的山林，往往就是菌窝子的藏身之地。三月的春景，为初夏菌子盛况埋下伏笔；四月开始，菌子冒头；五月，菌子大批亮相，松菌、紫花菌、奶浆菌、老人头、马蹄菌、鸡𡎚菌、扫把菌和牛肝菌……打开菌子餐馆的冰箱，琳琅满目，让人眼花缭乱。

几乎每位贵阳人谈起菌子，都会话头一软，陷入某段记忆中——山上每日都有大量菌子现身，天刚蒙蒙亮，人们就兴致勃勃地背起竹篓钻进山。彼时，贵阳市区的大小餐馆也已磨刀霍霍，随时都能在菌子上大展拳脚。有一拨人显得更为着急，菌子刚下山头，他们便迫不及待地直接冲到菌山前大快朵颐。吃菌子是一场和时间的较量。野生菌下山后鲜味迅速层层衰减，离山林越近的地方，就越能截获它的本味。为解这口馋，他们哪怕"跋山涉水"也不在话下。

瞧，在老饕的口中，就有这样几条环贵阳吃菌路线。

○ 山下的农家餐馆中，会将每日新采摘的各式菌子一起放入锅里，和辣子鸡一起成就一道富有贵州特色的美食。 | P099

辣子鸡菌子火锅，贵州人的无辣不欢

从贵阳市老城区一路向南开，不出半小时车程，顺着弯弯曲曲的公路不知不觉就钻入成片山林间，眼前是一座座张开怀抱的菌山。

夏天天亮得早，五点多天色就微微透亮，趁着朝雾，当地人就要往山上赶。虽说菌子多的时候不愁捡，但像牛肝菌、鸡枞菌这样的菌子永远都是市场上的抢手货，捡菌子一点儿都偷不得懒。

捡菌子也凭运气，走运的话很快就能装满一大筐。菌子不等人。捡到的菌子下山后要立马卖掉，捡菌人卖起菌子很随意，在路边摆上竹篓就能开始叫卖。从黔陶布依族苗族乡经高坡苗族乡再到杨眉水库，沿途一路的山上有人捡菌子，山下有人卖菌子，车来车往的马路也就成了菌子的流动市集。

也有人会把菌子送到餐馆里。黔陶乡有不少做野生菌菜肴的当地馆子，老板们每天会向捡菌人收购最新鲜的菌子。其中，侨兴车二爷野生菌餐馆就有来头，创始人车兴在黔陶开店已经四十多年，他和周边的采菌人早早就形成了合作默契。

这是一间独栋小院，朴实的装修风格透露些许古色古香，门前开满鲜花，宽敞的院子里摆着山水盆景，两个大包厢里摆着十来张圆桌子。每到菌子季，宾客盈门，来客热情高涨，锅里的热气和喧嚣人声在半空中交织。

清汤菌子火锅自然受到众人拥戴，但这家的辣子鸡菌子火锅同样招人惦记。辣子鸡是贵州数一数二的名菜，厨师基于这道本土菜肴琢磨出一套自家的黄金配方。主食材要用吃苞谷长大、一岁左右的黄脚公鸡，现杀切段后，将新鲜鸡肉块入锅内炒上个把小时，直到鸡肉水汽散尽才可捞出锅。

辣子鸡的灵魂伴侣，要属"糍粑辣椒"。糍粑辣椒里没有糍粑，却少不了二荆条辣椒、遵义朝天椒、花溪辣椒等各种辣椒，其中，尤以黔陶所在的花溪辣椒出众。除此之外，比例多寡就是不可外宣的独家秘方了，一众干辣椒用开水煮开泡软，再加入其他佐料，一起舂至黏稠质地，齐活，剩下就要看一出好戏的上演。

辣子鸡首先跃入锅中，一小壶高汤紧随其后。这汤是鸡汤，取其鲜美。待锅中咕噜噜开始冒泡，菌子们才迟迟登场。黄色鸡枞、紫色松菌、绿色青头菌……一盘五颜六色的菌子落入锅中，待在热锅里沉浮一阵，菌子们褪去彩衣，披挂上一身辣意后，食客们就可以开动了。

牙齿先是感受到了菌子的微妙质地，有的软滑、有的筋道、有的绵软……在口中一一分明。吸饱了汤汁的菌子，紧接着在口腔中迸发炸裂开来，先是醒目的辣，然后是饱满的鲜，此起彼伏，荡漾开来。食客直呼辣得过瘾，鲜到跳脚。升腾的一轮轮热气中，这一顿菌子火锅能把一屋子人哄得服服帖帖。

每年四五月是高坡苗族乡云顶村最美的季节。大片层叠的梯田注满了水，像是散落大地上的一面面镜子，镜中天光云影摇曳徘徊。此时，贵阳人会把周末安排得满满当当：先去孟关赶集，凑一场人

○在野生菌鼎盛生长的季节里，采蘑菇与逛野生菌市场是当地人特有的生活趣味。 | P 101 上图

○老板胡建康负责掌勺，妻子负责招待客人，勤劳热情的夫妻二人将生意经营得风生水起。 | P 101 下图

间烟火；再到高坡，欣赏一番壮美梯田；打道回府的路上，一定要杀到侨兴车二爷野生菌店里，埋头吃顿火锅。这才叫尽兴！

酸辣味的菌子，活泼地道得很

黑土苗寨的野生菌市场同样让人挂怀。地处湖潮乡平寨村的黑土苗寨，距离贵阳市区大约 40 分钟车程。

大多数时候的黑土苗寨是宁静的，寨子里田连阡陌，偶尔可见农人在田里忙碌，田边小路上随处可见昂着脑袋、来回巡视的鸡群。喀斯特群山是这里的壁纸和画布，连绵起伏的优美线条宛如凝固的海浪，峰林层层叠叠，在雾气笼罩的清晨里肆意挥洒，绘就一幅幅泼墨山水画。

但总有那么些日子，这幅画面会被打破，摇身变成热闹喧腾的野生菌市场，蜂拥而至的食客把这里占得满满当当。市场的棚屋是用空心砖砌的墙，石棉瓦做的顶，再加几根木头，简易棚屋便搭成。底下，不久便会生出五光十色的光景。

十里八乡的人们，不约而同把上山捡得的菌子送到这里来卖。卖菌子的大娘们，脸上藏不住喜悦和骄傲。消息不胫而走，食客们风尘仆仆赶来，只为截获头茬的鲜美。

懂行的食客会开着车沿贵安大道往平坝方向而

○爆炒野生菌想要香和鲜，对火候与食材都是不小的考验。

P 102—103

去，因为有一道青椒西红柿炒菌子在前头撩拨人心。健康农庄就开在沿途的马路边上，老板胡建康做了十几年厨师，回家创业后和妻子开起了小餐馆，凭借做菌子和将近五十道农家小炒的好手艺，在乡里挣得了好名气。

每逢菌子季，健康农庄门口会汇聚一个小型菌子交易市场。和菌子打了几十年交道的夫妻俩，在筛选菌子的工序上坚持亲自下场，松懈不得。"保守"挑选完靠谱的菌子后，夫妻二人才肯把菌子放行，送入下一轮的烹饪过程中。

青椒和西红柿是贵州菜里的常见组合，切段后入锅爆炒，辣的刺激，酸的明媚，是贵州人最难以忘怀的味道。时令菌子的杂拼让人垂涎，牛肝菌家族菌肉大朵且厚实，猛火快炒后，吃得满嘴的爽滑；

干巴菌肉质坚韧，清炒同样出色，若是炖汤则未免有些许腻滑。

家常小炒往往摒弃了华丽招式，优胜于争分夺秒间。土灶铁锅，宽油猛火，菌子被裹挟在调料里肆意翻滚，最终迸发出浓厚的香气。厨房里一阵锅铲碰撞声之后，炒菌子就带着热腾腾的香气登场了。

菌子低调，熟成之后多半褪去华丽，变为棕褐色，藏匿在配料之中。进入口腔后，菌子们却口味各异。松菌肥厚，在牙齿间会轻微打滑；紫花菌质地蓬松，略带粗糙，却有利于它吸足汤汁，牙齿咬合后爆汁的瞬间，就是它的高光时刻。

酸和辣的标准组合，不仅开胃，也能烘托出菌子的鲜美。一锅青椒西红柿火锅开火后，无数的鲜味物质在其中叠加，功力了得，这一番鲜美胜过万

语千言。

继续往前，平坝人多爱料理平坝灰鹅，灰鹅肉色红亮、肉质细嫩，油亮亮的脂肪炖入高汤，一锅鹅汤菌子火锅滋补和鲜美一个也没落下。

贵州人爱把平地称为"坝子"，平坝位于黔中腹地，因为地势相对平缓开阔而得名，同时因为平坝地处中原入黔的主干道上，也就顺势成了明朝屯军的落脚地。《平坝县志》的作者也爱美味，他在书中记载，明洪武年间，平坝卫凤阳籍屯军及其亲属带来了灰鹅，经过长时间的驯化和选育，平坝灰鹅最终成为当地的优良品种。凭借着便利交通和人文产物，平坝一举获得"西部黄金通道""黔中文化走廊""高原江南"等诸多名号。

如今，这片高原江南依旧在焕发迷人光彩，春

日，万亩樱花如约绽放；冬日，红枫湖边上演落日辉煌……一年四季，游客纷至沓来，在赏完烂漫美景之余，总会念叨着要吃顿菌子再走。

鸡汤肉饼菌子火锅，贵州人的食鲜顶配

在高速公路开通前，G210 国道是贵阳的重要公路，它以内蒙古包头市满都拉镇为起点，一路向南通向广西防城港市，一度成为连接中国南北地区的重要通道。

我们把目光聚焦在贵州段，公路从遵义桐梓县进入贵州，后一路向南，纵穿贵阳后来到黔南州，途经龙里县、贵定县等地，最终由独山县穿出。来

往其间的长途客车司机总要落脚就近吃饭，国道边的村子也就生出了餐饮业。风尘仆仆中，镬气十足的小炒菜总能慰藉舟车劳顿赶路人的胃和心，黔南州龙里县谷脚镇观音村的公路美食故事，大抵也就这么传扬出来。

龙里县的几十万亩森林是野生菌生长的最好土壤，观音村的森林覆盖率更是能达到 85% 以上。这里有贵阳周边最大的野生菌交易市场，附近农民也会把采摘的蔬菜瓜果拿到这里售卖，山林的丰硕成果更是市场上的头魁。菌子季时，能有六十多种菌子在这里同台竞技。食材所成就出的野生菌餐馆一条街，能让远道而来的食客大快朵颐、心满意足走一回。

尚优食府就在醒目的市场入口处。摊主杨友菊，人称杨姐，从小就在菌山上"厮混"，对这片山林的故事了如指掌。上山捡菌子，最好是在一场透雨过后的大晴天，阳光倾泻之下，水汽蒸发，此时便是菌子们纷纷探头的时刻。采菌不容易，难在没有清晰的路迹可循，人要躬身在树林里钻来钻去，在杂草、苔藓和松针厚厚覆盖住的林地上寻找每一寸蛛丝马迹。

好在菌子守信用，有菌窝的地方，今年长完菌子，明年还会有。当地人在呵护山林的同时，也会定期验收它的成果。哪里出鸡枞，哪里的紫花菌比较多……杨姐心里自有一本地图，脚步坚定，钻进山林，待归来已是收获满满。

捡菌不易，一锅鸡汤肉饼菌子火锅便是对捡菌人最好的犒劳。这也是龙里最地道的吃法，杀只土鸡，拍个肉饼，充沛的油脂总是激发菌子美味的最好搭档。"不拘一格降人才"是做菌子火锅的宗旨。把收获的菌子处理干净后，一股脑地丢入锅中。鲜甜的鸡枞是永远的热门材料，青草菌和松菌也不

赖，竹荪和虫草常被拉来做陪客……沉浮锅中片刻，热气升腾时分，先打一碗黄澄澄的头道鸡汤，热汤落肚，浑身顿感通透。尝够了鸡汤鲜甜，开始下菜添汤。一种当地人称为地心绣的野菜骨架纤细，微感清苦，只在清汤菌子火锅里出现，更是这里的"座上宾"。

来往的旅人，每每尝过了这锅鲜美热汤，再灰暗的行程也都有了盼头。

在贵州，菌子全年都在进行一场默契的接力，而这些开在菌山脚下的餐馆，就是菌子们接头的据点，它们在漫长季节中陪伴了每一个来客。

贵州菌子做法不花哨，主打就地取材，吃的是原汁原味。菌子火锅的锅底，可以是鸡汤肉饼、辣子鸡、青椒西红柿……锅肚大，方容得下各路菌子大展拳脚。抑或是换一种风格，入油锅急火快炒，吃个热烈生猛。

如今，黔陶侨兴车二爷野生菌已交到二代掌门人车原彬手中。心思活络的他，会将菌子冷冻保存，只为在最寒冷荒芜的冬季，用炫丽的菌子安抚食客的胃。尚优食府的杨姐得空时，依然钻进山林，为食客们守候山里最及时的一道鲜美。平坝健康农庄从来不缺老主顾，永远有食客奔波在回味菌子的路途上。

○ 菌子菜色往往不拘一格，不同做法、不同搭配都能激发出其独特的风味。图中从左至右依次为肉饼鸡火锅、炒杂菌、虎松茸炖猪脚、辣子鸡火锅。 | P 104—105
○ 一锅鹅汤菌子火锅的成就离不开贵州，要有最滋补的灰鹅，以及最新鲜的山野菌菇。 | P 106

○ 有山林，有菌子，有人，就会有拾菌故事。贵州的食菌故事，
在这个热烈的人间气象中不曾中断。

贵阳菌菇集市路线图

撰文 ⊙ 南旺

线路一： 孟关乡—杨眉水库—
黔陶乡—高坡云顶苗寨

交　通： 孟关大道、X100 县道

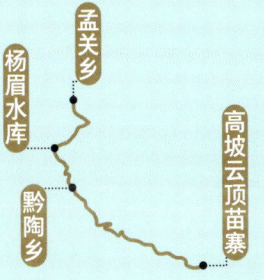

孟关乡： 每周六早上七点开始到下午五点结束的孟关乡集市，堪称贵阳规模最大最热闹的集市。新鲜食材、丰盛特产让人眼花缭乱，当然了，没有人能空着手走出此处。

杨眉水库： 这里有湖泊森林，能戏水野炊，与自然零距离的地方，就是菌子的神秘家园。

黔陶乡： 一个极具历史文化气息的乡镇，从前这里盛产贡茶与陶器。据说明代屯兵贵州时，带来了大量的手工艺人。遗留至今的黔陶龙窑遗址，大抵就见证了昔日家家户户如火如荼制陶，成群马匹将黔中之陶从此处运往各地的景象。

高坡云顶苗寨： 春日梯田、夏日花海、秋日稻田、冬日冰雪世界……这里不只是一年四季的动人风景，无论什么时候到访，你都会被苗寨人家的淳朴热情所感动。

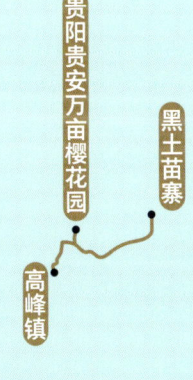

线路二： 黑土苗寨—高峰镇—
贵阳贵安万亩樱花园

交　通： 贵安大道、甘凯线

黑土苗寨： 大片的松林是野生菌的家园，在前往平寨村的沿途就能收获苗家人第一时间采回的野生菌。贵阳人会在忙碌过后的周末，远离喧嚣都市，感受一番峰丛、油菜海、湖泊、鸭子戏水、水牛劳作……享受惬意和自由。

高峰镇： 如果你刚游览完黑土苗寨，想要饱餐一顿，或者你马上就要进入喀斯特峰林来一场尽兴越野，都可以在高峰镇驻足，大快朵颐一顿最鲜嫩的野生菌。

贵阳贵安万亩樱花园： 70 万株名贵樱花树，2.4 万多亩浪漫花海，三四月份的樱花世界，能让全世界的造访者为之动容。如果你在春日里恰逢此地，一定记得来邂逅一场粉色的浪漫花雨。

线路三： 龙里观音村野生菌市场—
龙里大草原

交　通： 沪昆高速、G210 国道

这是一条纯粹的吃菌人路线，从贵阳市区出发约 1 小时车程的龙里观音村野生菌市场，是贵阳周边最大的菌子市场，每逢 4 月到 10 月菌子疯长的时候，这里五花八门的野生菌更是堆积如山，堪称菌子爱好者的天堂。

逛完市场饱完眼福，附近还聚集了众多菌子餐馆和农家乐，跑山鸡、家养猪、鸽子、肉饼……此刻都成了菌子的搭档。饱腹过后，还能驱车前往龙里大草原，欣赏油画一般的辽阔草原。

贵州游
蘑菇寻踪推荐

除了能在贵阳市周边吃到最鲜野的蘑菇，如果你正前往贵州的西江千户苗寨、梵净山、荔波小七孔，别忘了也顺道来一餐时令的鲜菇大餐哦！

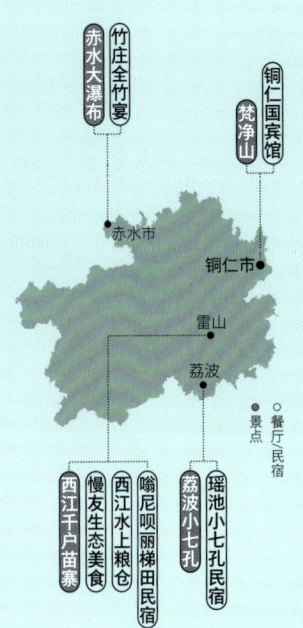

最地道的
家宴"盲盒"

撰文 ✿ 黄崇崇

又是一个雾气浓重的清晨。贵阳刚下过一场雨，雨水浇灌山林，在天地间支起一层轻薄的雾纱，整座城市随之沉溺，这是秋冬天常见的景象。然而，贵阳龙里林场的菌子似乎得到了消息，它们松动泥土、翻起落叶，密谋着跃跃欲试。

苗岭之巅，雷公山山顶上，折耳根刚刚冒芽；鸡㙡菌蛰伏于林场的蚁窝之下，为极致的鲜香甘甜积蓄能量；赤水的日晒香醋在天地间见识了五年的雨雪风霜；藏在山洞里的糟辣椒也发酵出了红亮色泽……贵州各地的山川风物，都酝酿着为家宴进献珍宝。

号令百菌，只为一场顶级的食鲜盛宴

在贵阳的黔大叔·臻品后厨，行政总厨付成林和"饱饱盒子"创始人陈晓龙正在为一场品鉴晚宴紧张地做着筹备。付成林在餐饮江湖浸润多年，熟悉菌子的脾性，着意于通过淮扬菜、杭帮菜、西餐等各式做法发挥菌子所长。陈晓龙深谙贵州深山的秘密，决计从山川河谷中卜手，调度庖令，为这场晚宴招兵买马。

这场名为"山生有蕈"的食菌宴席到底会被如何呈现？二人踌躇满志，却也凝神谨慎。

菌子必然是主角。二人决定亲身进入林场一探虚实。天下着微雨，穿过湿漉漉的松林，雾气将山林衬托得格外幽深。经由与山林的近身切磋，晚宴内容在他们心中逐渐现出了模样。

芸芸众菌中，鸡㙡不能缺席。鸡㙡拱出头，贵州人的日子就有了盼头。时令季节吃鸡㙡不算难事，乡下集市随处可见叫卖鸡㙡的小摊贩，人还在老远，鸡㙡的浓香就先迎了上来。

新鲜采摘的鸡㙡，菌柄上沾有一层细碎泥土，单是清洗就需要一番功夫。鸡㙡脆嫩易折断，禁不得蛮力刷洗，若是用水浸泡，又会吸水过多丢失香气。因此只能用细流冲洗，再以软毛刷和南瓜叶将泥土轻轻擦去。

鸡㙡美味天成，烹菌人便顺势调动它的鲜香。鸡㙡手撕成条，用来煮肉丸汤，只加少许盐即鲜美无比。也可加青椒、肉片快炒，浓郁的菌香弥漫开来，便是贵州人难以招架的时刻。

但这一次，付师傅要拿出顶级的威宁火腿和它演对手戏。威宁所在的乌蒙山区，是云贵川出产火腿最集中的地方。这里既有灿烂阳光又不缺凉风习习，是适合火腿自然发酵的天然工坊。趁着冬日腌下的火腿，悬挂于村民们的房梁下，等待着微生物苏醒，将脂肪和蛋白质分解发酵为丰富的氨基酸，与新鲜母鸡一同蒸上10小时，鲜味即将揭晓。

付师傅将熬好的热鸡汤装入白瓷小茶壶中。汤从壶嘴里倾泻而下，浇淋在杯中的龙里野生鸡枞与赤水金钗石斛上，二者瞬时如苏醒一般，散发出鲜甜与醇厚，又融于鸡汤清澈润亮的质地之中。宾客们俨然细品工夫茶一般，思索回味，惊叹绝妙。

珍菌蹄筋煲巧借淮扬菜黄焖汤的做法。汤底由榕江小香鸡成就。小香鸡在黔东南的养殖历史超过千年，苗乡侗寨的歌舞之中常能见着它们的影踪。榕江人执拗，坚持要用小香鸡的原生纯种，不与其他种禽杂交，任它们在茂林间自由生长，方能保留最天然的野性。小香鸡饮山泉水，吃天然谷物，个头虽小，但含有丰富的蛋白质、肌间脂肪和肌苷酸，所以能夯实清汤的鲜美底色。陈晓龙为这道菜起名"扶摇直上筋斗云"，正是因为看见了小香鸡双脚

○ 贵州得天独厚的地理环境和气候条件非常适合野生菌生长，市场上各式各样的菌子为食客提供了丰富的选择。 | P 110

○ 在黔大叔·臻品的后厨，主厨正在备菜，他计划通过不同的形式，多角度呈现出菌子的天然风味。 | P 112—113

伫立枝头，腾空而起飞跃山林的生猛活力。

黄焖汤费工夫，金耳搭配老种培育出的金瓜，熬煮出金灿灿的色泽，就是最好的着色剂，苗岭山药、高坡胡萝卜的加入，使细糯顺滑的口感与鲜甜饱满的滋味得以平衡。琥珀色的高汤盛在汤盏里，羊肚菌和蹄筋若隐若现，蹄筋的软糯弹牙与羊肚菌的韧劲清爽，正是食材与功夫的合谋。

当地人吃菌子，除了对鲜味的追求，还中意它多变的口感。付师傅的一道"黔菌山珍百景图"就将菌子百态彰显。贞丰黑牛肝菌饱满丰腴，最常见的做法是用刀切成厚度均匀的菌片，再用猛火快炒，色香味一气呵成。但付师傅爱惜黑牛肝菌香气中的百转千回，便向松茸要灵感，创造了香煎牛肝菌。铸铁锅预热慢，却能持续稳定锁温，用180摄

氏度左右的低温慢煎锁住水分，还能充分延展菌香。快出锅时再加入少量花生油和生抽，在最后一刻激发出菌香的潜力。而红托竹荪疏松，口感爽嫩，再塞入扎实的鸡肉糜，虚与实的转换，是食材的彼此成就。

梵净山金耳筋道、织金红托竹荪爽利、贞丰黑牛肝菌滑爽、龙里野生鸡枞菌鲜脆，菌子口感悉数呈现。

"峡谷菌香牛滚卤"参考了西式牛排的烹饪方式，主角却是贵州安顺关岭黄牛肉。关岭地处云贵高原，星罗棋布的高山牧场是关岭黄牛的健身房，山间清泉和嫩草成就了关岭牛肉的细嫩肉质，位列贵州四大黄牛之首当之无愧。做酱时以梵净山金耳调取明黄色泽，用贞丰黑牛肝菌干菌提香、鲜菌取

汁，熬煮收汁后浓酱便成，是关岭黄牛肉的绝味搭档。当付师傅将此菜肴端上餐桌时，陈晓龙想起了儿时所见贵州农田间黄牛在泥塘打滚的景象，就有了"峡谷菌香牛滚凼"的生动意象。

压轴出场的菌子焖饭，是贵州人家信手拈来的主食。当地人生起柴火，架起铜锅，一把菌子一捧米，菌香米香伴着炊烟袅袅点缀山间。付师傅用习水马桑菌、乌蒙老火腿与湄潭茅贡米来诠释何为"稻花香里说丰年"。干菌的香气更甚，一点点便足以占据上风。铸铁锅能将火腿与干菌的鲜香熏蒸进米粒中，随即使米粒也变得油亮滋润。油脂香、菌香和碳水的重磅诱惑，令每个人都束手就擒。

菌子是主角，可粗犷，也可精琢，少不了的是风味辅佐——清水江畔的苗家米酒、雷公山响水岩上游乌东苗寨的山泉水、赤水竹溪鳜鱼、正安方折笋、威宁老火腿、兴仁薏仁米、从江小香猪……贵州亿万年山川河谷孕育的富饶风物，与菌子一同建构起这场食菌宴席。

因菌施教，N 种方式解码食鲜奥秘

曾经的山珍，现如今走进了千家万户。对于黔蘑菇四季餐厅的刘山来说，吃菌子的灵感来自日常生活，他也在打造一场菌子盛宴，不一样的是，这场宴席跨越了二十年。

油鸡枞拌面藏在一众菜式中不算起眼，但这是他一次山寺之行的收获。寺里食物清简，师父正好得了几罐来自兴义的油鸡枞，借此给他做了一碗荞麦面。用料简朴，少许西红柿酱和煳辣椒，而油鸡枞是灵魂所在。经文火炼制，菜籽油保存了新鲜鸡枞的鲜香，5 斤鸡枞方得 1 斤油，极为珍贵。再平凡的粥粉米面，只要沾上几滴它的光，便能整碗鲜润。刘山第一次吃油鸡枞面，便被纯粹极致的鲜香所击中，至今念念难忘。

探索的过程没有捷径。小吃、小炒、汤品、蒸菜、凉卤、砂锅……刘山开始网罗菌子的多样吃法，攒出了现如今的四季菜单，食客每到此处都要被长长的时令菌菇菜单所折服。

在贵阳餐饮界，只要提及刘山和黔蘑菇，大家都面露赞许之色。在首届中国松乳菇（贵州紫花菌）节上，黔蘑菇凭借一道辣子鸡焖紫花菌备受瞩目。辣子鸡，是贵州人心中当之无愧的头牌，无论是大年三十的家宴，还是平日的宴请，一道辣子鸡是贵州人最心照不宣的默契。辣子鸡个性鲜明却也包罗万象，可以用来煮魔芋、烧豆腐，自然也能用来烧菌子。紫花菌是贵州人从小吃到大的食材，是熟悉的家的味道。刘山一手策划了它俩的相遇，既保留了紫花菌略带粗粝的口感，又多了鲜辣的对比，胜却人间无数。

脱胎于贵州人家的一餐一饭，黔蘑菇的很多菜肴背后，都有一段贵州人家的故土回忆。

在贵州的饮食文化中，辣是底色，酸为信仰。西红柿手撕鸡枞汤，是兴义的传统菜式。鸡汤煮菌子是常见组合，用油脂激发菌子香气之余，西红柿也是趁手的常用食材，各种汤品里都少不了它的身影。

"毛辣果"是贵州人对这种本土野生西红柿的称呼。外地人往往会在初步见识红酸汤的酸爽魅力后，难以将毛辣果与西红柿联系到一起，它个头只有拇指肚大小，长相酷似迷你西红柿，汁水饱满，酸劲十足。作为红酸汤的灵魂食材，俘获了当地人的味蕾，当地人往往拿它做火锅汤底，煮鱼煮肉煮粉，吸足酸汁的食材更以酸意迷倒众人。即便是在当地街巷卖卤味的小摊上，都会默认配送酸汤作料，没有华丽包装，简陋地装在塑料袋中，但每个人都乐于此味。

刘山沿袭了酸汤的传统口味，独创出西红柿手撕鸡枞汤，将西红柿和小瓜等蔬果的清鲜煮入汤汁，菌子鲜美略带西红柿的明媚酸意，能在入口的瞬间激活味蕾，让人恍如置身山野间，清爽宜人。

同为黔菌调味料的油鸡枞，用法倒不局限一时一地，刘山同样擅长旁征博引。老广爱吃的炒河粉到了刘山手里，改头换面后，就有了一道油鸡枞炒花江剪粉。花江剪粉诞生于贵州安顺关岭，由上等籼米经过淘洗、浸泡、推浆、舀浆、上盘、蒸熟等一系列工序制作而成，洁白胜雪，口感筋道且嫩弹。用油鸡枞炒制，糯米香与菌香的融合，是另一番别致风味。

年销售两万多份的野生菌烫饭，原始版本是当地人爱吃的豆汤饭：用砂罐煨出豆蓉感的汤头，连汤带水浇在米饭上，就成了百姓简单果腹的餐食。刘山取菌子入汤，吊出鲜味，西红柿提供酸感，加入少许土豆熬制浓稠。这碗专供贵州当地人的烫饭，扎实熨帖，朴素却不单调，尤其在阴冷的冬日，格外招人惦记。

猴头菇木瓜土鸡汤，同样让人联想到粤菜中的炖品。白瓷汤盏里菌汤清透，木瓜的加入让汤在鲜美之外，多了果香的明艳清甜。诸如此类的匠心创意还有很多。

在刘山看来，吃菌子的精髓在于"九分食材，一分烹饪"。他看重食材本味，不愿添加过多调料进行矫饰，反而更在意如何放大食材的优势，"因菌施教"。因此，黔蘑菇提倡去厨师化，在后厨房忙碌的都是他从当地请来的妇女们。"大姐们做菜认真！我就是要让大家吃到家里的味道！"这是刘山的较真，也是他的自信。

每到菌子季，黔蘑菇的大厅就成了菌子的展示台。刚下山的菌子转头便来这里列阵，红若胭脂，绿如青苔，黄如明霞，摆放得满满当当，一派山野气象。让人刚走进餐厅，便为贵州风土的热烈击中。由此，黔蘑菇成了贵州人吃菌的新据点，他们请外地朋友吃当地菌子，都得老老实实来这里排队取号。

刘山依然是那个菌子梦想家，脑子里装满了各种新奇想法，正等待自己去一一实现，过了自己这关后，要耐得住同行的检验，再由食客们去挑剔。前段时间，更有上海米其林餐厅师傅组团来学习，黔蘑菇用百变吃法让同行眼前一亮。

"贵州有 88 个县，是否可以从每个县里都提炼出一道菜来？"这样的宏图壮志，总让他心情澎湃。与此同时，刘山也在思考如何用好人工培育的菌子，打破野生菌的时空局限。

越来越多的贵州餐饮人能感知到，这一方水土养育出的菌子也能成就黔菜的一番新天地。随着贵州食用菌市场的大门不断打开，诞生于此地的食材终将走向更辽阔的世界。

下一场菌子盛宴，正在山里酝酿。

感谢"贵州山地食用菌优势特色产业集群"项目对本书大力支持。

○ 菌子多样化的品种和丰富的口感几乎不受烹饪方式的限制，无论何种烹饪方式，菌子都能展现出独特的魅力，满足不同人群的口味偏好。图中从左至右依次为：金耳刺身、竹荪鸡汤、鲍鱼烧黄丝菌、芦笋炒虎松茸。

图书在版编目（CIP）数据

风物中国：黔菌 / 范烨，李婷主编 . — 长沙：
湖南科学技术出版社，2024.7
ISBN 978-7-5710-2915-9

Ⅰ.①风… Ⅱ.①范… ②李… Ⅲ.①食用菌—产业经
济—研究—贵州 Ⅳ.① F326.13

中国国家版本馆 CIP 数据核字 (2024) 第 098237 号

FENGWU ZHONGGUO: QIANJUN

风物中国：黔菌

主　　编：范　烨　李　婷
副 主 编：周　韬　杨锌沂　王　沁　冯　浪　冯文武
出 版 人：潘晓山
总 策 划：陈沂欢
责任编辑：李文瑶
特约编辑：陈　莹
图片编辑：吴学文　李晓峰
图片提供：视觉中国　杨　孝　李贵云　陈　中　樊　川
地图编辑：程　远　彭　聪
营销编辑：沈晓雯
装帧设计：何　睦
责任美编：彭怡轩
特约印制：焦文献
商务合作：付鑫科
制　　版：北京美光设计制版有限公司
出版发行：湖南科学技术出版社
地　　址：长沙市开福区泊富国际金融中心 40 楼
网　　址：http://www.hnstp.com
湖南科学技术出版社天猫旗舰店网址：
　　　　　http://hnkjcbs.tmall.com
邮购联系：本社直销科 0731-84375808
印　　刷：北京华联印刷有限公司
版　　次：2024 年 7 月第 1 版
印　　次：2024 年 7 月第 1 次印刷
开　　本：787mm×1092mm　1/16
印　　张：8
字　　数：50 千字
审 图 号：黔 S〔2024〕005 号
书　　号：ISBN 978-7-5710-2915-9
定　　价：68.00 元